MEMOIRES
POUR SERVIR
A L'HISTOIRE
DE LOÜIS XIV.

PAR FEU

M. L'ABBÉ DE CHOISY,

DE L'ACADEMIE FRANÇOISE.

TOME SECOND.

A UTRECHT,
Chez WAN-DE-VATER.

MDCCXXVII.

MEMOIRES POUR SERVIR A L'HISTOIRE DE LOUIS XIV.

LIVRE CINQUIE'ME.

IL se fit à la Cour trois mariages qui meritent qu'on en fasse mention, celui de Mademoiselle de Murcé fille de Villette, chef d'Escadre, & Cousin Germain de Madame de Maintenon ; celui de Madame de Leuwestein, & celui de Mademoiselle de Rambures. Les deux dernieres étoient Filles d'honneur de Madame la Dauphine. Mademoiselle de Murcé avoit tout ce qu'il faut pour se bien marier : une protection si puissante que la fortune de son mari paroissoit immancable. Les jeux & les ris brilloient à l'envi autour d'elle. Son esprit étoit encore plus aimable que son visage ; on n'avoit pas le tems de respirer ni de s'ennuyer quand elle étoit quelque part. Toutes les Chammellés du monde n'avoient point ces tons ravissans qu'elle laissoit échaper en déclamant ; & si sa gayeté naturelle lui eût permis de retrancher certains petits airs un peu coquets que toute son innocence ne pouvoit pas justifier, c'eût été une personne toute accomplie. Le Comte de Quelus l'épousa avec ses droits, ses esperances & quelque pension. Le Roi le fit Menin de Monseigneur, & la veille des nopces il envoya à l'accordée un Colier de perles de dix mille écus. On ne pouvoit trop s'étonner que Madame de Maintenon la mariât si médiocrement, & l'on ne sçavoit pas encore que la moderation étoit sa vertu favorite. Elle avoit refusé genereusement de la donner à Boufflers. Cet habile Courtisan passant par dessus les bruits fâcheux & ridicules qui avoient couru, la demanda en mariage ; c'étoit un fort bon parti pour elle ; il étoit déja

Lieutenant General, & Colonel General des Dragons, & l'on jugeoit aiſément à ſes allures que le Bâton ne lui pouvoit pas manquer ; il la demanda, il eut le plaiſir d'entendre de la bouche de Madame de Maintenon ces paroles dignes d'être gravées en lettres d'or : M. ma Niéce n'eſt pas un aſſez bon parti pour vous, mais je n'en ſens pas moins ce que vous voulez faire pour l'amour de moi, & je vous regarderai à l'avenir comme mon neveu. Cette alliance adoptive ne lui a pas nui dans la ſuite. Il eut trois mois après le Gouvernement de Luxembourg.

Madame de Leuweſtein étoit niéce du Prince Guillaume de Fuſtemberg Evêque de Straſbourg & nommé au Cardinalat. On l'appelloit Madame, parce qu'elle étoit Chanoineſſe de Torn, Chapitre celebre en Allemagne où pour être receu il faut faire des preuves de ſeize quartiers de Princes ou de Comtes Souverains de l'Empire. Elle étoit belle comme les Anges, dans une jeuneſſe riante, une taille fine, les yeux brillants, le teint admirable, les cheveux du plus beau blond du monde, un air engageant, modeſte & ſpirituel ; elle avoit eu une fort bonne conduite dans une place fort gliſſante, & les petites fautes de ſes compagnes n'avoient pas peu contribué à faire valoir ſon merite. Le Marquis de Danjeau Chevalier d'honneur de Madame la Dauphine devint amoureux d'elle & ſongea à l'épouſer, il croyoit avoir aſſez de bien pour faire la fortune d'une fille qui n'avoit pour dot, qu'une grande naiſſance, de la beauté, & de la vertu. Il ſe flata peut-être qu'à la conſideration du Prince Guillaume on feroit aſſeoir ſa femme qui étoit & lui auſſi d'aſſez bonne maiſon pour cela. D'ailleurs Madame de Maintenon preſſoit l'affaire, elle s'eſt toûjours fait honneur de proteger les perſonnes de qualité quand la mauvaiſe fortune n'a point ébranlé leur vertu, ainſi l'amour ſoutenu d'un grain d'ambition conclut ce mariage. Les fiançailles ſe firent dans l'antichambre de Madame la Dauphine en preſence du Roi, & les épouſailles dans la Chapelle du Château, mais il y eut beau bruit; & le lendemain quelque bonne ame (ce fut Mademoiſelle de Rambures) alla tout courant dire à Madame la Dauphine, Vraiment, Madame, je viens de voir une belle choſe,

Leuwestein a été mariée tout comme vous, & le Curé l'a nommée tout haut Sophie de Baviere. Comment ! reprit Madame la Dauphine, il ne l'a pas nommée Comtesse de Leuwestein, & là-dessus elle se mit fort en colere, & se fit raporter le Contrat de Mariage, & voulut absolument qu'elle signât Comtesse de Leuwestein. Pour voir qui avoit tort ou raison, voici le fait. Vers l'an 1350. Frederic le Victorieux, après la mort de son Frere, l'Electeur Palatin, prit l'administration de l'Electorat pendant l'enfance de son Neveu. Quelques années après, sous pretexte de mieux défendre le Pays, attaqué par des ennemis puissans, il prit le titre d'Electeur. Les Etats lui representerent le droit de son Neveu, il en convint & déclara qu'il alloit épouser Claire de Dettinguen, simple Demoiselle, afin que les enfans qu'il en auroit, venant d'une mere qui n'étoit ni Princesse, ni Comtesse de l'Empire, ne fussent pas en droit, après sa mort, de disputer l'Electorat à son Neveu. Il donna, dans la suite, aux enfans qu'il eut de Claire de Dettinguen le Comté d'Evestein, & ils se sont depuis acquis celui de Leuwestein. Après la mort de Frederic le Victorieux , ſon Neveu fut Electeur, il eut des enfans & des petits-enfans, qui, étant mort ſans enfans, l'Electorat paſſa à la branche de Simerin ſans que les petits Comtes d'Eveſtein & de Leuweſtein fuſſent écoutez ſur leurs prétentions bonnes ou mauvaiſes, car ils prétendoient qu'on ne leur avoit fait ceder leurs droits qu'à la branche aînée. Quoi qu'il en ſoit, malgré leur naiſſance légitime, que perſonne ne leur diſpute, & quoi qu'ils ſoient bien veritablement de la Maiſon de Baviere, ils n'ont jamais tenu en Allemagne que le rang de Comtes.

Quant au ſurnom de Baviere, on peut dire que les Princes & les Comtes, en Allemagne, ne portent point de ſurnom, parce que tous les Cadets d'une Maiſon prennent à perpétuité les titres de Terres qui appartiennent à leurs Armes, & auſquels ils peuvent ſucceder. Néanmoins comme Leuweſtein étoit dans un cas particulier, on trouve dans la Ville de Heilderberg une Epitaphe d'un Comte de Leuweſtein, qui eſt nommé Louis de Baviere. Madame de Dangeau, en ſe mariant en France, avoit crû devoir ſuivre les Coûtumes du Pays où elle s'établissoit & prendre le surnom de Baviere.

Les Comtes de Leuwestein ses freres l'avoient pris en prêtant Foi & Hommage à la Chambre de Mets, & personne n'y avoit trouvé à redire. Madame la Dauphine ne voulut pas écouter les raisons qu'on vouloit lui alleguer là-dessus, & il fallut passer par : *Tel est nôtre Plaisir.* On reforma le Contrat de mariage ; mais le Roi eut la bonté de faire écrire dans toutes les Cours d'Allemagne, qu'il ne prétendoit pas que cela fît aucun tort à la maison de Leuwestein. On ne fit point de querelle à Madame de Dangeau sur les armes de Baviere, qu'elle porta sur le tout comme tous ceux de la maison de Leuwestein. Huit jours après le Roi choisit le Comte Philippe de Leuwestein frere de Madame de Dangeau pour être Abbé & Prince de Morbac ; il étoit l'un des trois que les moines avoient presentez à Sa Majesté.

Mademoiselle de Rambures se maria avec le Marquis de Polignac, elle n'étoit pas fort riche, mais elle avoit de bons amis ; Monseigneur pressa fort le Roi de la marier & lui fit donner cinquante mille écus.

On vit à Paris la même année à la face de Dieu & des hommes, une cérémonie fort extraordinaire. Le Maréchal de la Feüillade fit la consecration de la Statuë du Roi qu'il avoit fait élever dans la place nommée des Victoires. Le Roi est à pied & la Renommée lui porte une Couronne de laurier sur la tête. C'est le plus beau jet, qu'on ait encore veu. La Feuillade fit trois tours à cheval autour de la Statuë à la tête du Régiment des Gardes dont il étoit Colonel, & fit toutes les prosternations que les Payens faisoient autrefois devant les Statuës de leurs Empereurs. Le Prevôt des Marchands & les Echevins étoient présens, il y eut le soir un feu d'artifice devant l'Hôtel de Ville, & des feux par toutes les ruës. Bullion Prevôt de Paris pretendoit devoir assister à la Cérémonie à la tête du Châtelet & marcher au côté gauche du Gouverneur. Il fondoit sa pretention sur un Livre imprimé des Antiquitez de Paris où il est dit que lorsque la Statuë d'Henri IV. fut placée sur le Pont neuf, le Gouverneur, le Prevôt de Paris, le Lieutenant Civil & le Prevôt des Marchands & Echevins y assisterent; mais le Roi ayant apris qu'en 1639.

lorſque la Statuë de Louis XIII. fut élevée dans la place Royale , le Prevôt de Paris ni le Châtelet ne s'y étoient pas trouvez , il decida contr'eux , & ils ne s'y trouverent point. On dit que la Feuillade avoit deſſein d'acheter une Cave dans l'Egliſe des petits Peres & qu'il prétendoit la pouſſer par deſſous terre juſqu'au milieu de la place des Victoires, afin de ſe faire enterrer preciſément ſous la Statuë du Roi. Il avoit eu auſſi la viſion de fonder des lampes perpétuelles qui auroient éclairé la Statuë nuit & jour. On lui retrancha le jour. Les Villes de Dijon , d'Arles , de Reims & pluſieurs autres firent dans la ſuite élever des Statuës en l'honneur du Roi.

Je vais raporter ici une choſe aſſez ſinguliere de M. de la Feuillade ; il étoit fort ami de ma mere , & en lui parlant il l'apelloit toûjours ma bonne amie. Un jour à S. Germain ma Mere étant logée à l'Hôtel de Richelieu , la Feuillade entra dans ſa Chambre , j'étois au chevet du lit de ma Mere , qui me faiſoit écrire à la Reine de Pologne , il fit ſortir Marion , ſa femme de chambre , ferma la porte & commença à ſe promener à grands pas , comme un furieux , il jetta ſon Chapeau par terre, & diſoit tout haut, non, je n'y puis plus tenir, je ſuis percé de coups, j'ai eû trois Freres tuez à ſon ſervice, il ſçait que je n'ai pas un ſol, & que c'eſt Prudhomme qui me fait ſubſiſter, & il ne me donne rien : Adieu, ma bonne amie, diſoit-il, en s'addreſſant, à ma Mere, qui étoit dans ſon lit : Adieu, je m'en vais chez moi, & j'y trouverai encore des Choux. Ma mere lui dit, vous êtes fol, ne connoiſſez-vous pas le Roi ? C'eſt le plus habile homme de ſon Royaume, il ne veut pas que les Courtiſans ſe rebutent, il les fait quelquefois attendre long-tems, mais heureux ceux dont il exérce la patience, il les accable de bien-faits, attendez encore un peu & il vous donnera aſſurément, puiſque vos ſervices meritent qu'il vous donne : mais au nom de Dieu, renouvellez d'aſſiduitez, paroiſſez gay, demandez tout ce qui vacquera ; ſi une fois il rompt ſa gourmette de politique, s'il vous donne une penſion de mille écus, vous êtes grand Seigneur avant qu'il ſoit deux ans ; il la crut, fit ſa cour à l'ordinaire & s'en trouva bien ; ſa fortune égala celle de M. la Rochefoucault, autre griſelidis parmi les courtiſans, qui après avoir été quinze ans de tous les plaisirs du Roi, & presque son favori, sans avoir de chausses, passa tout d'un coup de la souveraine indigence à la souveraine opulence, par la source intarissable des graces que le Roi fit couler chez lui, dans le tems qu'il s'y attendoit le moins, & qu'il commençoit aussi à desesperer: mais il n'a jamais sçu profiter des liberalitez du Roi, & quand on lui donnoit cent mille écus, ses valets en prenoient d'abord cinquante.

Il y avoit trois ans que Pelletier étoit Controlleur Général, & comme en tems de Paix les affaires vont toutes seules, & qu'il ne faut point chercher des ressources nouvelles, les moyens ordinaires suffisant à tous les besoins, le Roi étoit fort content de lui, & lui faisoit souvent des gratifications. Il venoit de lui donner Cent mille liv. lors qu'il lui acorda l'agrément de la Charge de Président à Mortier, vacante par la mort du Président le Coigneux, & il lui donna encore cinquante mille écus pour lui aider à payer les trois cens cinquante mille livres. On l'apelloit le petit Ministre du vivant de M. le Tellier. Il copioit dans ses manieres modestes. On l'accusoit de n'être pas fort habile, mais s'il n'avoit pas l'eſprit auſſi fin que ſon Patron, il avoit peut-être le cœur auſſi bon.

Il avoit peine à promettre, mais l'on pouvoit ſe fier à lui, quand une fois il avoit promis. Il eſt vrai qu'étant homme de bien & fort ſcrupuleux, il ne pouvoit prendre ſon parti ſur rien de peur de ſe tromper & de faire tort à quelcun. Cela me fait ſouvenir de ce que m'a conté l'Evêque de Bayeux. Il alla un jour à Chaville avec l'Evêque de Coutances, voir le Chancelier le Tellier ; dans la converſation, le diſcours étant tombé ſur M. le Pelletier, M. le Tellier leur demanda s'ils ſçavoient comment il avoit été fait Controlleur Général, & le leur conta de cette maniere. Après la mort de M.Colbert, le Roi me dit un jour, M. le Tellier, j'ai envie de mettre les Finances entre les mains de M. le Pelletier, qu'en penſez-vous ? Sire, lui repondis-je, Votre Majeſté ne doit pas me croire, le Pere de M. le Pelletier a été mon tuteur, & j'ai toûjours regardé ſes enfans comme les miens. N'importe, dit le Roi, dites-moi ce que vous en penſez ? Sire j'obéis. M. le Pelletier eſt homme de bien & d'honneur fort appliqué ; mais je ne le crois pas propre aux Finances, il n'eſt pas aſſez dur. Comment ! reprit le Roi, je ne veux point qu'on ſoit dur à mon peuple;puiſqu'il eſt fidele & appliqué, je le fais Controlleur Géneral. Voila ce que l'Evêque de Bayeux m'a conté. La ſuite a bien fait voir que M. le Tellier connoiſſoit ſon homme, puiſqu'il a été obligé de ſe décharger ſur M. de Pontchartrain d'un poids trop peſant. Or ce M. de Pontchartrain étoit bien un autre génie ; auſſi fidele & pour le moins auſſi déſintereſſé, infatigable au travail, qui voit tout, qui peut tout, qui a trouvé le moyen de fournir depuis huit ans cent cinquante millions par an, avec du parchemin & de la cire, en imaginant des charges & faiſant des marottes, qui ont été bien venduës : modeſte dans ſa fortune, n'ayant reçû du Roi aucune gratification hors peut-être une Charge de Conſeiller au Parlement pour ſon fils: déciſif, faiſant plus d'affaires en un jour que l'autre n'en faiſoit en 6. mois, aïant pour maxime qu'il faut toûjours aller en avant quand même on devroit ſe tromper quelquefois, ſauf à revenir ſur ſes pas, & réparer ſans rougir les fautes qu'on auroit faites par trop de précipitation, & je suis témoin que cela lui est arrivé une fois ou deux, sans qu'il en fut embarrassé, ce qui me paroît héroïque à un Ministre, qui d'ordinaire n'aime pas avoir tort : il est pourtant vrai qu'on se plaint, car quoi qu'il soit mon ami, *magis amica veritas*, j'en dirai le bien & le mal.

On se plaint qu'il n'entre pas assez dans l'affliction des particuliers, & que quand un pauvre homme, ruïné par une taxe, vient lui demander quelque modération, il lui dit, avec un visage riant, M. il faut payer ; au lieu qu'il diminueroit le mal du patient, en témoignant y prendre part, par un visage triste, ou seulement en haussant les épaules : j'ai oüi dire à un homme, qui sortoit de son Audiance, j'aimois encore mieux le pli du front de Colbert.

Je ne sçaurois m'empêcher de dire ici deux mots d'une nouvelle Hérésie qui fait beaucoup de bruit dans l'Eglise.

Les erreurs des Quiétistes sont tirées, pour la plupart, de quelques passages mal entendus des plus devots & des fameux Auteurs qui ont écrit sur l'Oraison mentale ; ils prétendent que quand une fois on s'est donné à Dieu de tout ſon cœur, on doit être dans un ſaint repos, ce qu'ils apellent l'état de quiétude, ou l'Oraiſon de quiétude, ce qui leur a fait donner le nom de Quiétiſtes ; car ils diſent, pour ne pas troubler cet état de quiétude, qu'il ne faut pas ſe mettre en peine de faire de nouveaux actes d'amour à Dieu, qu'il faut s'abandonner entierement aux mouvemens de l'eſprit Divin, ſans s'embaraſſer ni des Myſtéres, ni des Cérémonies, & que la partie ſupérieure de l'ame étant dans un ſaint repos, elle ne doit pas prendre garde à tout ce qui arrive à ſon imagination, & même à ſon Corps. Ces maximes une fois reçûës dans les eſprits contemplatifs, y produiſent tous les jours de nouvelles erreurs ; & dans les cœurs libertins, elles ſont ſuivies d'une infinité de deſordres ſcandaleux : Molinos, Docteur Eſpagnol, homme d'une grande pieté exterieure, & d'une imagination fort vive, étoit regardé comme le Chef des Quiétiſtes ; ſa Doctrine avoit de quoi contenter les eſprits ſpéculatifs & les vicieux ; les dévots de bonne foi y trouvoient aſſez de quoi ſe laiſſer ſurprendre, & en peu de tems elle s'étoit répanduë par toute l'Italie ; il eſt même certain que le Pape Innocent XI. estimoit personnellement Molinos ; il a depuis donné le Chapeau de Cardinal à Petrucci, qui a écrit à peu près les mêmes choses que Molinos, & qu'on regardoit dans Rome comme le premier de ses Disciples ; & l'on prétend que Sa Sainteté auroit eû peine à permettre qu'on fît le Procès aux Quiétistes, si le Roi, étendant son zele contre les Hérétiques au-delà des bornes de ses Etats, n'avoit ordonné au Cardinal d'Estrées de lui remontrer la nécessité absoluë de s'opposer à une Hérésie qui s'insinuoit si agréablement. Ce fut sur les remontrances de ce Cardinal que la Congregation du saint Office travailla au Procès de Molinos ; le Cardinal d'Estrées, qui étoit de cette Congregation, y exposa, avec beaucoup de science & de zele, tout ce qu'il y avoit de dangereux dans cette Doctrine, & fit si-bien que la Congregation fit mettre en prison Molinos, & quelques-uns de ses Sectateurs. Elle condamna ensuite vingt-deux Propositions, tirées de ses Ouvrages.

Cependant le mal du Roi s'étant augmenté considerablement, & les Médecins & Chirurgiens, n'ayant fait que l'adoucir, l'adoucir, au lieu de l'approfondir, il résolut d'aller à Barege, & partir vers les Fêtes de la Pentecôte. Il nomma pour être dans son Carrosse, Monseigneur, Monsieur, Madame de Bourbon, la Princesse de Conti, & Madame de Maintenon. Il y avoit déja cinq ou six ans que le Roi donnoit des marques assez publiques de la consideration particuliere qu'il avoit pour Madame de Maintenon. Il l'avoit fait Dame d'atour de Madame la Dauphine, elle avoit eû soin de l'éducation de M. le Duc du Maine, ce qui lui avoit donné mille occasions de montrer au Roi de quoi elle étoit capable. Son esprit, son jugement, sa droiture, sa piété & toutes ses vertus, qui ne gagnent pas toûjours les cœurs aussi vîte que la beauté, mais qui établissent leurs conquêtes sur des fondemens biens plus solides & presque inébranlables. Elle n'étoit plus dans une fort grande jeunesse, mais elle avoit les yeux si vifs & si brillants, il paroissoit tant d'esprit sur son visage, quand elle parloit d'action, qu'il étoit difficile de la voir souvent, sans prendre de l'inclination pour elle. Le Roi, accoûtumé dès son enfance au commerce des femmes, avoit été ravi d'en trouver une qui ne lui parloit que de vertu ; il ne craignoit point qu'on dît qu'elle le gouvernoit, il l'avoit reconnuë modeste & incapable d'abuser de la familiarité du Maître. D'ailleurs il étoit tems pour la santé de son corps & pour celle de son ame qu'il songeât à l'autre vie, & cette Dame étoit assez heureuse pour y avoir songé de bonne heure. La retraite austére à laquelle les personnes en faveur sont presque toûjours condamnées, ne lui faisoit aucune peine; ce fut une grande distinction pour elle d'être nommée pour faire le voyage de Barege avec le Roi, & d'autant plus grande, qu'il fit dire en même tems à Madame de Montespan qu'elle n'iroit pas, ce qui lui donna de furieuses vapeurs ; la préference d'une personne qu'elle estimoit beaucoup au-dessous d'elle la mettant hors des gons. Elle avoit déjà eu le chagrin de s'entendre prononcer l'Arrêt de sa condamnation par une bouche qui lui étoit devenuë odieuse. Madame de Maintenon lui avoit déclaré de la part du Roi en termes exprès, qu'il ne vouloit avoir avec elle aucune liaison particuliere, & qu'il lui conseilloit de son côté de songer à son ſalut, comme il y vouloit ſonger du ſien. C'étoit de grandes paroles qu'elle n'avoit pas voulu porter légerement, elle s'en étoit fait prier pluſieurs fois, en diſant au Roi, qu'il auroit peut-être de la peine à les ſoûtenir ; mais il l'en avoit tant preſſée, qu'à la fin elle l'avoit fait, & la paille étant une fois rompuë, elle avoit eû le courage de l'en faire ſouvenir de tems en tems, de peur que la bonté de ſon cœur, & une longue habitude, ne le fît broncher, & peut-être tomber tout-à-fait.

Madame de Monteſpan s'en alla à Paris dans ſa maiſon de ſaint Joſeph, pour y décharger une bile noire qui la ſuffoquoit ; elle envoya querir Madame de Miramion la plus fameuſe dévote du tems, pour voir ſi une converſation toute de Dieu, lui pourroit faire oublier les hommes : Ah ? Madame, lui dit-elle, en l'embraſſant, il me traite comme la derniere des femmes, & cependant depuis le Comte de .... je ne lui ai pas touché le bout du doigt. La bonne dévote, à ce qu'elle m'a dit, ſe ſeroit bien paſſée de la confidence. Le lendemain Madame de Monteſpan, ſans prendre congé du Roi ni de perſonne, s'en alla à Ramboüillet. Le Roi permit à Mademoiselle de Blois de la suivre, & le défendit au Comte de Toulouse ; mais au bout de huit jours, le Roi se trouvant fort soulagé, & en état de monter à cheval, il déclara qu'il n'iroit point à Barege, ce qui fit un grand plaisir aux Courtisans qui n'aiment pas la dépense, quand ils ne la croient pas necessaire à leur fortune. Monsieur à force de prieres, avoit obligé le Roi à montrer son mal à Bessiere, fameux Chirurgien de Paris, qui n'avoit pas crû que Barege fût nécessaire. Aucun Chirurgien ne l'avoit encore vû que Felix ; & quoiqu'il fût habile, l'experience journaliere lui manquant, ainsi qu'à tous les Médecins & Chirurgiens de la Cour, il avoit besoin de conseil.

Dès que le Roi eut résolu de ne point faire le voyage, il eut la bonté ou la foiblesse de le mander à Madame de Montespan, qui étoit encore à Ramboüillet, & qui partoit le lendemain pour Fontevraud ; elle fut transportée de joye ; & revint toute courante à Versailles. Là elle esperoit encore de rengager un Prince qui avoit pour elle tant d'égards ; & se flattant d'être encore aimable, elle attribuoit à un reste de passion ce qui ne venoit que de politesse. Le Roi l'avoit quittée de pure lassitude. La surprenante & éclatante beauté de Mademoiselle de Fontanges l'avoit emporté sans reflexion, & presque malgré lui. Il avoit été touché de sa mort précipitée, & s'étoit rendu ensuite aux sages conseils de Madame de Maintenon ; elle avoit trouvé le bon moment pour lui faire sentir l'horreur d'un état presque semblable à celui de David aimant Bethsabée ; & lui avoit fait envisager quel seroit son bonheur, si après avoir regné avec tant de gloire pendant près de quatre-vingt ans, & peut-être davantage, sur la plus belle partie du monde, il pouvoit devenir un grand Saint, & passer pour toute l'éternité dans un Royaume infiniment plus beau, & plus souhaitable que l'Empire de tout l'Univers; elle l'avoit fait entrer peu à peu dans les vûës de l'Eternité, & s'étoit acquis par-là auprès de lui une faveur d'autant plus solide, que les interêts humains n'y avoient aucune part.

Dès que Madame de Montespan fut revenuë à Versailles, le Roi alla chez elle, & continua à y passer tous les jours en allant à la Messe ; mais il n'y étoit qu'un moment, & toûjours avec ses Courtisans, de peur qu'on ne le soupçonnât de reprendre des chaînes rompuës depuis plusieurs années.

Le Roi au commencement de l'Eté, afin de tenir ses troupes en haleine, avoit marqué quatre Camps pour la Cavalerie; le premier en Flandres commandé par Montbron; le second sur la Farn par Saint Ruth; le troisiéme sur la Sarre par Buloude; & le quatriéme sur la Charente commandé par Bouflers, qui avoit assez peu d'esprit, mais que beaucoup de courage & de bravoure, & une application extraordinaire, commençoient à faire valoir. Le Comte de Tessé, quoiqu'il ne fût encore que Brigadier, alla commander en Dauphiné à la place de Saint Ruth. Il étoit jeune & promettoit beaucoup; une presence agréable, du courage, beaucoup d'esprit, de l'ambition, & une diligence à la Bouflers lui tenoient lieu d'experience, & l'on jugeoit aisément qu'il pouvoit aller loin. On sera peut-être bien aise d'apprendre ici une des premieres causes de sa fortune: il revenoit à Paris de sa garnison lorsqu'il rencontra vers Château-Thierry Messieurs les Princes de Conty qui couroient la poſte. Ils lui dirent qu'ils alloient en Hongrie & qu'ils étoient partis ſans congé du Roi. Il oſa leur remontrer qu'ils faiſoient mal, ils ſe mocquerent de lui & renouvellerent de jambes ; Teſſé leur dit, Meſſieurs, je ne vous quitterai point & je m'en vais envoyer un courier au Roi, pour lui dire où vous êtes, ils ſe mirent à rire en diſant, ton courier ne ſera pas à Verſailles, que nous ſerons hors du Royaume ; il ne laiſſa pas de l'envoyer & prit des Chevaux de Poſte avec eux, & toûjours plaiſantant les ſuivit juſqu'à ce que M. le Prince de Conty receut la Lettre par laquelle le Roi lui juroit parole de Roi que s'il ne revenoit inceſſamment, il ne rentreroit jamais dans le Royaume de ſon vivant. Teſſé redoubla ſes bons avis, & les Princes, tout murement conſideré, revinrent à Verſailles & demanderent pardon.

Le Roi d'Angleterre avoit auſſi un Camp dans ſon Païs, il s'imaginoit qu'en tenant 30000. hommes ſur pied & les payant bien, il ſeroit toûjours en état de faire tout ce qu'il voudroit : Pauvre Prince qui ne ſongeoit pas que ces 30000. hommes étoient des Anglois tout prêts à l'abandonner dès qu'il voudroit entreprendre la moindre chose contre leurs libertez ; je me souviens à ce propos d'avoir oüy dire à Savil envoyé extraordinaire du Roi d'Angleterre en France, comblé de biens-faits de son Maître, qu'il seroit le premier à prendre les armes contre lui s'il abusoit de son autorité ; & s'il choquoit le moins du monde les Loix du Royaume.

Il y eut à Versailles au mois de Mai un Carousel fort magnifique, composé de trente Cavaliers, & de trente Dames. Le Roi & Madame la Dauphine se rendirent dans les grandes Ecuries à la chambre de M. le Grand d'où ils virent la marche, la Comparse & les Courses. On courut d'abord les Têtes en deux courses. Le Grand Prieur, le Marquis de Nesle, Murcé, le petit Duras, & Nangis apporterent chacun sept Têtes, & disputerent le prix. Ils recoururent tous cinq, le grand Prieur & le Marquis de Nesle se le disputerent longtems, & emporterent chacun les quatre têtes. Le Roi y prenoit fort grand plaisir, lorsque le vieux Duc de saint Aignan qui avoit été nommé Juge du Camp à cause de sa grande expérience en ces sortes de combats, vint dire tout

haut

haut que ces Messieurs demandoient à partager. La proposition déplût tellement au Roi, qu'il se leva & rompit les courses & dit que ni l'un ni l'autre n'auroit le prix, que tous les Chevaliers rentreroient dans leurs droits & que le Carrousel recommenceroit le lendemain. Le pauvre Marquis de Nesle n'avoit aucune part à tout cela, même le grand Prieur prétendit que le vieux saint Aignan avoit mal entendu & qu'il n'avoit jamais fait une proposition si ridicule.

Le lendemain le Roi se rendit au même lieu à cinq heures du soir. Monseigneur emporta d'abord sept têtes, & l'on esperoit qu'il auroit le Prix lorsque le Comte de Brionne fut assez innocent pour les emporter toutes huit. Personne ne les lui disputa. Après les têtes, on courut la Bague pour le second Prix. Le Grand Prieur le gagna, & finit. Le Roi donna les deux Prix, qui étoient deux Epées de Diamans, le premier beaucoup plus grand que le second ; j'oubliois à dire que les Princesses y brillerent extrêmement. La magnificence des habits, des aigrettes de plumes ; les Perles & les Diamans faisoient paroître encore davantage les graces qu'elles avoient reçûës de la nature.

Le jour de la Pentecôte le Roi fit quatre nouveaux Chevaliers de l'Ordre, sçavoir M. le Duc de Chartres, M. le Duc du Maine. Il sortit de son appartement sur les onze heures pour aller à la Chapelle, & marcha en ordre avec tous les Chevaliers. Monseigneur marchoit seul devant lui, Monsieur seul, M. de Chartres seul, M. le Duc marchoit entre M. le Duc de Bourbon & M. le Prince de Conty, Monsieur le Duc du Maine marchoit seul devant eux, & après lui, tous les autres Chevaliers deux à deux. Après la Grande Messe qui fut dite par Monsieur l'Archevêque de Paris, Prélat de l'Ordre, SA MAJESTÉ se mit sur un marche-pied dans un Fauteüil, & reçût le serment des quatre nouveaux Chevaliers. M. le Duc de Chartres fut presenté par Monseigneur & par Monsieur, faisant tous trois les reverences ensemble, & de front; puis vint M. le Duc de Bourbon entre M. le Prince & M. le Duc, ensuite M. le Prince de Conty entre les Ducs de Chaulnes & de saint Simon, & M. du Maine entre les Ducs de Crequi & de saint Aignan. M.

de Montausier pouvoit disputer cet honneur à M. de saint Aignan, parce qu'il avoit cedé son Duché à M. de Beauvillier son Fils, mais il ne le voulut pas faire & en fut loué. M. le Duc de Bourbon pretendoit marcher dans cette Cérémonie côte à côte de M. de Chartres, ne le voulant considerer que comme premier Prince du Sang. Mais le Roi prononça en faveur de M. le Duc de Chartres, à qui en toutes occasions il donne rang distingué des Princes du Sang.

Ce fut à peu près dans ce tems-là, que Madame de Maintenon se servit de sa faveur, pour faire le plus bel établissement qui ait été fait en France depuis cent ant, si l'on en excepte celui des Invalides, qui doit passer devant. Elle fit fonder par le Roi la maison de saint Cyr, où deux cent cinquante Demoiselles, depuis l'âge de douze ans jusqu'à vingt, doivent être nourries, entretenuës & élevées selon leur qualité. Il doit y avoir trente-six Dames de Chœur, qui d'abord ne faisoient que des Vœux simples, mais qui depuis après une mûre déliberation font les Vœux absolus de Chasteté, de Pauvreté & d'Obéissance, & sont comme les autres Religieuses.

Le Roi a uni à cette Maison la mense Abbatiale de saint Denis, qui vaut cent mille livres de rente, & lui a acheté des fonds de Terre pour cinquante mille livres de rente, à condition qu'on n'y pourra jamais recevoir aucune gratification que du Roi ou de ses successeurs. Les Demoiselles, avant que d'y être reçuës, doivent faire preuves de quatre races du côté des Peres, les mésalliances fréquentes obligent à négliger le côté des Meres; elles auront les places de Religieuses que le Roi donne dans toutes les Abbayes du Royaume, chaque fois qu'elles vaquent. Les bâtimens de saint Cyr ont été élevez avec une magnificence Royale, mais avec tant de précipitation qu'on y a fait des fautes considerables, n'ayant pas laissé le tems au bois vert de sécher avant que d'être emploïé. On a changé & rechangé plusieurs fois les constitutions pour trouver le meilleur, & l'Abbé Tiberge, Superieur des Missions Etrangeres, y a employé beaucoup de tems & d'esprit.

Madame de Maintenon est entrée dans le moindre détail avec une capacité & une patience bien au-dessus de son sexe, mais necessaire en cette occasion, & si ſon zele ne l'avoit ſoutenue, les difficultez toûjours nouvelles auroient été capables de la rebuter. Elle avoit depuis longtems l'idée de cet établiſſement, la pauvreté où elle s'étoit vûë elle-même dans le commencement de ſa vie, malgré une naiſſance fort noble, la faiſoit entrer dans les beſoins des filles de qualité, & lui faiſoit chercher les moyens de les tirer de la pauvreté. Ce lui étoit tous les jours une nouvelle occaſion de remercier Dieu; heureuſe de pouvoir faire aux autres, ce que dans de certains tems elle eût été bien aiſe qu'on lui eût fait; j'ai même oüy dire que dès les premieres lueurs de ſa fortune médiocre, elle avoit eu ſoin de quelques pauvres Demoiſelles, tant elle étoit portée naturellement à cette ſorte de charité: auſſi quand elle ſe vit par avance au comble de la grandeur humaine, ſon zele n'eut plus de bornes, & il ne lui en fallut pas moins, pour ſoulager d'une maniere ſenſible toute la Nobleſſe du Royaume. Je ſerai obligé dans la ſuite de ces Mémoires à parler ſouvent de ſaint Cyr.

Ce fut la même année que le Roi fit un grand plaiſir à M. le Duc, en lui accordant les grandes entrées, c'eſt-à-dire, le droit d'entrer le matin dans sa chambre en même tems que les premiers Gentils-hommes de la Chambre, dès qu'il est éveillé, avant qu'il sorte du lit. Car quand il se leve, & qu'il prend sa robe de chambre & ses pantoufles, les Brevets entrent, & ensuite les Officiers de la Chambre & les Courtisans, pour qui les Huissiers demandent d'abord, & puis tout entre pêle mêle, pourvû que ce soit visage connu. M. le Duc n'étoit pas content depuis long-tems, le Roi n'avoit jamais voulu lui confier ses armées;il n'avoit eu de commandement que sous M. le Prince,cela l'avoit extrémement mortifié, & cependant une bagatelle le transporta de joye, & dissipa des chagrins qui peut-être n'étoient pas trop mal fondez.

Le Roi donna en même tems vingt mille écus à Villacerf pour la Vaisselle d'argent de la Reine, qui lui appartenoit, comme son premier Maître d'Hôtel, & cinquante mille livres à M. de Harlay, Procureur Général, pour lui aider à payer le Menil-montant, maison de plaisance, qu'il avoit achetée depuis peu ; il donna aussi 10000. livres à M. . . . . & 8000. livres de pension à M.

de Ville, Gentilhomme Liégois, qui a inventé & conduit à sa perfection la machine de Marly. Personne ne lui plaignoit une pareille récompense, & c'est à lui que nous avons l'obligation d'avoir de belles eaux à Versailles. Cette Machine est admirable dans sa grandeur, & en même tems dans sa simplicité. Les Ambassadeurs Siamois employerent cinq heures à la comprendre & à la faire déssigner; & quand j'ai demandé au gros Ambassadeur, avant son départ, ce qu'il avoit trouvé de beau en France, il me dit qu'après les Troupes du Roi & ses Places de guerre, c'étoit la machine de Marly.

Cependant la révocation de l'Edit de Nantes, en nous affoiblissant par la désertion d'une infinité de braves gens, en nous appauvrissant par le transport de tant de millions hors du Royaume, faisoit la Grandeur du Prince d'Orange, il s'enrichissoit de nos pertes; car d'abord il se déclara Protecteur de tous les François refugiez en Hollande pour la Religion : il leur accorda des Privileges dans toutes les Villes; il donna des pensions à leurs Ministres, & prit auprès de lui ceux qui avoient le plus de réputation, comme Claude & Menard. Il se servit de ceux qui sçavoient le mieux écrire, pour répandre insensiblement dans les esprits ce qui lui convenoit. Il leur donna la permission de tenir des especes de Synodes nationnaux composez des seuls François ; & après s'être assuré d'eux par la Religion, il les engagea par ses biens-faits. Il obligea les Etats Généraux à donner aux Officiers François refugiez cent mille florins de pension qu'il distribuoit à sa fantaisie, & envoya ensuite plus de cinquante Officiers dans les garnisons, où après leur avoir fait prêter serment de fidelité, il leur fit promettre de servir contre tous les Princes du monde sans exception. Il donna des Charges à tous ceux qu'il voyoit propres à entrer dans les troupes, Officiers, ou Soldats, & leur fit avoir des emplois au-dessus de ceux qu'ils avoient eûs en France, afin que les premiers pas qu'ils faisoient dans son Service leur parut déjà un commencement d'élevation ; il ne négligea pas même ceux qui n'étoient pas en état de porter les armes, forma en Hollande des Compagnies de Cadets. Il mit dans ses Gardes l'Etang, qui après avoir été à M. de Turenne, avoit eu un Régiment de Cavalerie. Il fit des gratifications à la Melomere, qui avoit été Brigadier en France, à Coulon Ingénieur, à la Caillemotte fils de Ruvigny, à Mirmont & à beaucoup d'autres, toûjours dans la pensée de se fortifier contre la France, & d'avancer ses desseins sur l'Angleterre.

Me voici arrivé à une affaire où l'on me pardonnera bien si je m'étends plus que de coûtume, c'est l'affaire de Siam ; elle m'a passé par les mains, je marquerai beaucoup de petites particularitez fort ignorées du public ; je tâcherai même de ne rien dire de ce qui est dans mon Journal. Je proteste que j'ai toûjours dit vrai, mais que je n'ai pas toûjours dit tout ce que je sçavois. Or, dans ces Mémoires-ci je ne garderai point de mesures, & dirai tout sans déguisement.

J'étois tranquille dans le Séminaire des Missions Etrangeres, lorsque Bergeret, premier Commis de M. de Croisi, & mon ancien ami, me vint voir. Il me conta dans la conversation, qu'il étoit venu des Mandarins Indiens, & qu'on parloit d'envoyer un Ambassadeur au

Roi de Siam, pour lui propoſer de ſe faire Chrétien ; qu'il y avoit beaucoup de diſpoſition, & que c'étoit là un emploi digne d'un Eccleſiaſtique habile & zelé, il me dit de plus qu'il me conſeilloit d'y ſonger ; & que ſi cela dépendoit de M. de Croiſi, mon affaire ſeroit bientôt faite, mais qu'à cauſe de la Marine, elle étoit entierement au pouvoir de M. de Seignelai.

Il n'en fallut pas davantage pour me mettre dans la tête l'ambition Apoſtolique d'aller au bout du monde convertir un grand Royaume. J'en parlai au Cardinal de Boüillon, mon amī, dès l'enfance ; & ſans perdre de tems, il alla me propoſer à M. de Seignelai ſon ami. Ce Miniſtre lui dit qu'il venoit trop tard ; que le Chevalier de Chaumont, homme de qualité & de vertu, étoit nommé Ambaſſadeur ; qu'on avoit été aſſez embaraſſé à trouver un homme propre à cet emploi-là ; que le Chevalier de Neſmond avoit été ſur les rangs, & que deux jours plûtôt mon affaire étoit faite. Le Cardinal me rendit cette réponſe, mais je ne perdis pas courage ; les idées de Miſſions étoient entrées trop avant. Je lui repréſentai que le Chevalier de Chaumont pouvoit mourir en chemin, & que l'Ambaſſade tomberoit entre les mains de quelque Marin peu verſé en ces ſortes de matieres ; que la Religion en pouvoit ſouffrir ; que d'ailleurs le Roi de Siam, ſe voulant convertir, le Chevalier médiocre Théologien lui donneroit des inſtructions aſſez ſuperficielles : enfin je le priai de demander pour moi la Coadjutorerie du Chevalier & l'Ambaſſade ordinaire, en cas que le Roi ſe fît inſtruire dans la Religion Chrétienne. Il parla au Roi, qui m'accorda ma demande, en diſant ; je n'avois pas encore oüi parler d'un Coadjuteur d'Ambaſſade, mais il y a raiſon à cauſe de la longueur & du péril d'un pareil voyage. L'affaire étant reglée, j'allai à Verſailles chez M. de Seignelai pour y recevoir mes inſtructions ; j'entrai dans ſon Antichambre à trois heures, j'attendis patiemmment juſqu'à quatre,& je commençois à m'ennuyer, lorſque M. le Marquis de Denonville, qui s'en alloit Viceroi en Canada, y vint auſſi ; il fit dire qu'il étoit là, on lui répondit comme à moi, *adeſſo, adeſſo*. Nous nous mîmes à cauſer enſemble, l'un alloit vers l'Orient, l'autre vers l'Occident ; en causant sonnent cinq, six & sept heures, sans qu'on songeât à nous donner audience. M. de Seignelai étoit dans son Cabinet avec Cavoye & trois ou quatre autres Commensaux rians de tems en tems à gorge déployée. J'admirois la patience héroïque d'un Mestre de Camp de Dragons, qui peut-être dans le fond n'étoit pas plus content que moi ; enfin on l'appella le premier, il demeura un quart-d'heure dans le Cabinet, on m'appella ensuite ; je ne sçai pas si on lui fit excuse de l'avoir fait attendre, mais pour moi on ne m'en dit pas un mot. Je partis deux jours après contre l'avis de tous mes parens en colere, peut-être pour ne pas être obligez de m'offrir une pistole. Il n'y eut au monde que le Cardinal de Boüillon qui me donna mille écus. Les Usuriers me fournirent tout le reste qui m'étoit nécessaire, & mirent sur ma tête à la grosse avanture ; ils s'en sont bien trouvez par la suite : mais pour moi si j'en ai rapporté le moule du pourpoint, mes affaires en ont été dérangées dix ans durant. Il faut bien du tems à un Ecclesiastique pour prendre sur ses revenus 20000. livres d'extraordinaire.

Mon Frere me fit ſouvenir d'une certaine Horoſcope où l'on m'avoit dit beaucoup de choſes qui me ſont arrivées, & il y avoit, que je devois courir grande fortune ſur l'eau. Je m'en mocquai, & partis; mais j'avouë que quoique je mépriſe ces ſortes de pronoſtics, cela me revint à l'eſprit à quatre mille lieuës d'ici, dans une tempête qui nous approcha fort près du centre du monde.

Nôtre voyage commença & finit fort heureuſement; mais il y avoit cinq mois que nous étions ſur la mer, ſans que le Chevalier de Chaumont eût eu aucune ouverture pour moi; cela commençoit à me fatiguer. Je prévoyois que ſi cela duroit, je ſerois un O en chifre à Siam, lors qu'au travers de la cloiſon qui ſéparoit ma chambre de la ſienne, je l'entendis ruminer ſa harangue; je lui dis huit jours après, car il chantoit toûjours la même notte, que j'avois oüi les plus belles choſes du monde; là-deſſus il me mena dans ſa chambre, & me la repeta; je la trouvai ſans faute. Il commença à me parler de ce qu'il y avoit à faire en ce pays-là, & je lui donnai mes petits avis; il eſt bon homme, homme de bien, de qualité, mais il ne ſçait pas la Geometrie. Je n'eus pas beaucoup de peine à lui faire sentir que par avanture, je pourrois lui être bon à quelque chose. Depuis ce jour-là, il ne crache plus sans m'en avertir ; mais il me vint à l'esprit une plaisante pensée : Si l'Ambassadeur, disois-je, alloit mourir en arrivant à Siam, & qu'il fallût que je fisse l'Ambassade, il faudroit faire une harangue ; aussi-tôt dit, aussitôt fait, j'écrivis la harangue suivante, que je veux mettre ici pour me réjoüir. Je la trouvai en original, toute informe qu'elle est, il y a un an, dans un sac de papiers que j'avois destiné au feu. La voici.

GRAND ROY,

Les marques d'estime & d'amitié que VOTRE MAJESTÉ a donné au Roi mon Maître, en lui envoyant des Ambassadeurs & des Présens, l'ont touché sensiblement ; & quoi qu'ils ne soient point arrivez en France, & que selon les apparences ils ayent fait naufrage, il ne s'en est pas crû moins obligé à vous en témoigner sa reconnoissance. VOTRE MAJESTÉ connoît sans doute le Roi mon Maître, les Nations Européenes, qui sont à sa Cour, lui en auront fait le portrait ; & quoique jalouses de sa Gloire, elles auront été forcées à rendre justice à son mérite. Toute la terre est remplie du bruit de son nom ; & les Ambassadeurs de tant de Provinces, venus de toutes parts rechercher son Alliance, sont retournez dans leurs Païs l'esprit occupé, & le cœur plein de sa grandeur. Il n'avoit que vingt-deux ans quand il commença à gouverner ses Royaumes, seul, sans Ministre, voyant tout par lui-même, écoutant les plaintes des malheureux, rendant justice à tout le monde : Tous ses jours ont été marquez par des triomphes, & ses Soldats l'ont toûjours vûs à leur tête, soit qu'il fallût prendre des Villes, soit qu'il fallût gagner des Batailles. Ils n'avoient qu'à le suivre pour marcher à une victoire assurée ; mais après avoir vaincu des ennemis, il a bien pû se vaincre lui-même, il s'est arrêté au milieu de ses conquêtes, prescrivant à chacun des Princes qui s'étoient liguez contre lui ce qu'ils avoient à faire pour éviter la fureur de ses armes, & rentrer dans son Alliance.

C'est ce Grand Prince, qui m'envoye

des extrémitez de l'Univers, présenter à VOTRE MAJESTÉ des marques de son estime, & l'assurer d'une amitié constante, que l'éloignement de cinq mille lieuës ne sera jamais capable d'alterer. Le Roi, mon Maître, ne se contente pas de souhaitter à VOTRE MAJESTÉ toute sorte de bonheur en ce monde, il veut encore vous voir heureux pendant toute l'Eternité. Les Grands Héros meurent comme les autres hommes ; il faut songer à cette vie nouvelle ; cette vie Eternelle, qui nous attend après la mort ; & pour y arriver, il n'y a qu'un chemin. Il faut connoître, il faut aimer le Dieu du Ciel, le Dieu des Chrétiens ; VOTRE MAJESTÉ l'a déja reçû dans ses Etats ; vous lui avez bâti des Eglises ; ses Ministres, ses Evêques ont été dans vôtre Palais, il ne reste plus, grand Roi, qu'à le recevoir dans vôtre cœur. Il ne demandera à VOTRE MAJESTÉ que des choses aisées ; il veut que les Princes soient graves, justes & vertueux ; VOTRE MAJESTÉ n'a-t-elle pas déja toutes ces grandes qualitez ? & ne donne-t-elle pas à ses Sujets l'exemple de toutes les vertus ? C'est ce Dieu qui fait regner les Rois

Rois avec autorité ; c'eſt ſon bras tout-puiſſant qui a ſoûtenu le Roi mon Maître dans ſes grandes entrepriſes ; & lorſque toute l'Europe liguée enſemble conſpiroit la perte de la France, ce Dieu que nous adorons nous a fait vaincre ; & ſi notre invincible Monarque a donné plus d'une fois la loi à ſes ennemis , c'a été par une protection toute viſible du Dieu des Chrétiens , & nous ſommes redevables de nos Victoires à la pieté de notre Roi encore plus qu'à ſa valeur.

Mais ce Grand Prince ne croit pas ſon bonheur parfait , s'il ne le partage avec V. M. Il ſçait que V. M. n'a pas beſoin de tréſors , que ſes voiſins le craignent, que ſes ſujets l'aiment ; il ne vous envoye, SIRE , ni argent ni troupes ; mais il vous envoye la vérité , la connoiſſance du vrai Dieu , le ſouverain bonheur en ce monde & en l'autre. Voilà le plus beau des Préſens que le Roi mon Maître vous envoye ; voilà le but de ſes ſouhaits : Il n'a plus rien à deſirer pour ſa gloire particuliere, ſon Nom victorieux dans tous les tems eſt aſſuré de paſſer à la derniere poſtérité , il ne lui reſte plus qu'à travailler pour ce qu'il aime. Il aime , il eſtime , il honore V. M. & ne croit pas pouvoir lui en donner de meilleure marque qu'en lui montrant le chemin du Ciel ; ce chemin ſemble s'ouvrir à VOTRE MAJESTÉ. Elle a depuis vingt ans des Miſſionnaires & des Evêques capables de lui faire connoître la vérité, dignes de lui découvrir toutes les beautez de la Religion Chrétienne, Religion auſſi ancienne que le monde, & dont la ſainteté la rend préferable à toutes les autres Religions. J'eſpere que V. M. fera reflexion ſur une affaire qui lui importe ſi fort : Plaiſe à ce Dieu, qui touche les cœurs quand il lui plaît, toucher celui de V. M. lui faire connoître, lui faire ſentir ſes adorables véritez, afin que les deux plus grands Rois du monde qui ſont amis, malgré tant de mers qui les ſeparent, qui ſur leur ſeule réputation s'envoyent des Ambaſſadeurs & des Préſens, mais qui ſelon les apparences n'auront jamais le plaiſir de ſe voir ſur la terre, puiſſent en s'uniſſant dans le même Culte ſe voir un jour dans le Ciel, dans ces Tabernacles Eternels, ſur ces Thrônes de gloire que notre Dieu prépare à ceux qui le ſervent.

Je n'ai plus rien à ſouhaitter à V. M. Il ne me reſte qu'à vous préſenter tous ces braves François qui m'accompagnent ; ils commandent les Vaisseaux du Roi mon Maître , & font respecter sa puissance jusqu'aux extrémitez de la terre , mais s'ils sont bons Sujets , ils sont encore meilleurs Chrétiens ; ce sont autant de Héros de la Religion de Jesus-Christ prêts à répandre pour le Service de leur Dieu , ce même sang qu'ils ont tant de fois exposé pour le Service de leurs Rois. Pour moi , SIRE , je me sens le plus heureux des hommes d'avoir pû m'acquitter d'une Commission si importante.

Dès que nous fûmes arrivez à Siam , & que j'eus entretenu l'Evêque de Metropolis & l'Abbé de Lionne , je connus clairement qu'on avoit un peu grossi les objets , & que le Roi de Siam vouloit bien proteger les Chrétiens , mais non pas embrasser leur Religion ; qu'il avoit agi en Politique , qui veut attirer les Etrangers & le Commerce dans son Pays, & s'assurer une protection contre les Hollandois que tous les Rois des Indes craignent beaucoup. M. Constance me découvrit la vérité malgré lui , & donna dans le panneau que je lui tendis ; je crois avoir rapporté ce fait dans mon

Journal. Il me proposa de donner au Roi la Ville de Branko, à condition qu'on y envoyeroit des Troupes, des Ingenieurs, de l'Argent & des Vaisseaux. Le Chevalier de Chaumont & moi ne crûmes pas la chose faisable, & nous lui dîmes franchement que le Roi ne voudroit pas s'engager sur sa parole à une dépense de quatre à cinq millions, qui peut-être seroient perdus. La chose en demeura là, & je crois qu'il n'y eût jamais songé sans une retraite que je fis au Seminaire de Siam pour me préparer à recevoir les Ordres Sacrez. Il arriva quelque affaire, dont M. Constance voulut parler au Chevalier de Chaumont; il falloit un Interpréte, il se servit du Pere Tachard, il lui trouva un esprit doux, souple, rampant & pourtant hardi, pour ne pas dire téméraire : il lui parla de la pensée qu'il avoit euë, pensee que nous avions traitée de chimere; le Pere Tachard offrit de s'en charger, de la faire réussir : il dit à M. Constance que nous n'avions aucun crédit à la Cour, & il n'avoit pas grand tort, & que s'il en vouloit écrire au Pere de la Chaise, Sa Reverence en viendroit bien à bout.

Pendant que cela se négocioit, M.

Paumart Missionnaire qui étoit toûjours chez M. Constance, en eut quelque vent, & m'en vint avertir ; mais je ne voulus pas quitter ma retraite, & je laissai faire le Pere Tachard, qui par-là me souffla un beau Crucifix d'or que le Roi de Siam me devoit donner à l'audience de congé, & dont le bon Pere fut régalé avec justice, puisque le Chevalier de Chaumont & moi n'étions plus que des personnages de Théatre, & qu'il étoit le véritable Ambassadeur, chargé de la négociation secrete. Je ne sçus tout cela bien au juste qu'après être arrivé en France. Mais quand je me vis dans mon bon Pays, je fus si aise que je ne me sentis aucune rancune contre personne.

J'ai dit beaucoup de bien de M. Constance dans mon Journal, je n'ai rien dit que de vrai. C'étoit un des hommes du monde qui avoit le plus d'esprit. Liberal, magnifique, intrépide, plein de grandes idées, & peut-être qui ne vouloit avoir des troupes Françoises que pour tâcher de se faire Roi lui-même à la mort de son Maître qu'il voyoit fort prochaine. Il étoit fier, cruel, impitoyable, d'une ambition démesurée ; il avoit soûtenu la Religion Chrétienne, parce qu'il pouvoit la soûtenir, & je ne me serois jamais fié à lui dans chose où son inclination n'auroit pas trouvé son compte.

En arrivant à Brest, j'appris deux nouvelles bien differentes, l'une que M. Boucherat étoit Chancelier, j'en fus fort aise ; l'autre que M. le Cardinal de Boüillon étoit éxilé, j'en fus fort fâché. Nous partîmes aussitôt le Chevalier de Chaumont & moi, & fîmes ensemble la premiere journée, il regardoit toûjours les Bretonnes, & m'avoüa avec toute sa dévotion qu'il les trouvoit aussi belles que la Princesse de Conty. Nous venions de voir les Siamoises. Il arriva le premier à la Cour, comme de raison, j'y arrivai trois jours après, on nous entouroit comme des Ours. Le Roi me fit beaucoup de questions, il m'en fit une autre dont on parla fort, il me demanda comment on disoit manger en Siamois : je lui dis qu'on disoit KIN. Un quart-d'heure après il me demanda comment on disoit boire : je lui répondis KIN. Je vous y prends, dit-il, vous m'avez dit tantôt que KIN signifioit manger : il est vrai, SIRE, lui repartis-je sans hésiter, mais c'est qu'en Siamois KIN signifie manger,

& pour dire boire, on dit KIN KAOU, avaler du vin, & KIN nam, avaler l'eau; au moins, dit le Roi en riant, il s'en tire avec esprit. Je disois vrai, & l'esprit n'a point aidé en cette occasion.

Le lendemain en me promenant dans la Gallerie, j'entendis Cavoye, Livry, d'autres Courtisans qui disoient que le Roi de Siam envoyoit des Presens au Cardinal de Boüillon. Cela me fit beaucoup de peine, j'avois eu intention de les supprimer, ne croyant pas l'occasion favorable. J'eus peur que le Roi ne l'apprît par d'autres que par moi, je courus chez M. de Seignelai, il étoit à Sceaux. J'allai demander conseil à M. le Chancelier, qui me conseilla de l'aller dire au Roi sans perdre un moment. J'allai trouver M. le Comte d'Auvergne qui me conseilla la même chose, je revins aussitôt dans la Gallerie; & comme le Roi alloit à la Messe, je m'approchai de l'oreille de Sa Majesté, & lui dis: SIRE, je supplie V. M. de m'accorder un moment d'audience dans son Cabinet. Il me répondit, cela est-il pressé? je repliquai, ouy, SIRE. Eh bien! me dit-il, avec un visage solaire, venez après mon dîné. Je n'y manquai pas, & me trouvai dans l'antichambre à ſon paſſage, il me donna un petit coup ſur le bras, & me dit, ſuivez-moi. J'entrai dans ſon Cabinet où il étoit ſeul, & lui dis : SIRE, je crois être obligé de dire à V. M. que le Roi de Siam a écrit à M. le Cardinal de Boüillon, & lui envoye des préſens ; pourquoi cela ? m'interrompit-il, & qui lui a donné le conſeil de le faire ? SIRE, lui repliquai-je, c'eſt moi, j'ai cru bien faire en faiſant honorer par un grand Roi le premier Aumônier de V. M. & le premier homme de l'Egliſe de France. Il ſe retourna un peu vîte, & me dit avec une mine à me faire rentrer cent pieds ſous terre : Vous avez fait cela de vôtre tête ? SIRE, lui repliquai-je, j'en ai parlé à M. le Chevalier de Chaumont, & il m'a approuvé ; ne pouvant pas deviner que M. le Cardinal de Boüillon ſeroit aſſez malheureux pour vous déplaire, V. M. venoit de lui donner l'Abbaye de Cluny. Cela ſuffit, me dit-il, en me tournant le dos, & je ſortis du Cabinet. Les Courtiſans me vouloient faire des complimens ſur mon audience, mais je payai de modeſtie, & paſſai vîte. J'allai me renfermer dans une petite chambre de Cabaret, où ſans reproche,

je

Je remerciai Dieu de m'avoir humilié. J'étois trop fier, je croyois avoir trouvé la Pie au nid pendant mon voyage, en contentant les Jesuites & les Missionnaires ; la mine que le Roi venoit de me faire rabattit bien mon caquet, il me sembloit pourtant que mon innocence me mettoit en repos. A sept heures du soir je sortis de ma taniére, & retournai au Château, pour voir si M. de Seignelai ne seroit point revenu ; je trouvai en arrivant vingt personnes qui me dirent que le Roi m'avoit fait chercher partout pour me parler. J'allai chez M. de Seignelai qui me pensa manger. Vraiment, Monsieur, me dit-il, le Roi est dans une belle colere : Pourquoi ne m'êtes-vous pas venu trouver d'abord ? Je lui dis que j'avois été chez lui, & que ne le trouvant pas, M. le Comte d'Auvergne m'avoit conseillé d'aller droit au Roi. Il me demanda la Lettre que le Roi de Siam avoit écrite à M. le Cardinal de Boüillon, & le mémoire des Présens, je lui mis le tout entre les mains ; j'allai le soir au soupé du Roi à l'ordinaire, mais il ne me dit mot, plus de questions ; mes amis m'avertirent le lendemain que le Roi avoit paru fort en colere au petit couché contre moi, qui m'étois mêlé de ce que je n'avois que faire, & même contre ce pauvre Cardinal qu'il accusoit de m'avoir fait aller à Siam pour s'attirer des Présens, lui qui n'en avoit pas eu la moindre idée. Je crus qu'il falloit laisser passer l'orage, & je m'en allai à Paris m'enfermer dans mon Seminaire, où une demi-heure d'Oraison devant le Saint Sacrement me fit bientôt oublier tout ce qui venoit de m'arriver. Six mois après je présentai au Roi la Vie de David & les Pseaumes, qu'il reçut fort agréablement; j'en eus obligation au Pere de la Chaise, qui lui avoit parlé en ma faveur, & qui me fit avoir une audience dans le cabinet. Sa Majesté avoit bien connu que je n'avois pas grand tort; cela est si vrai, que l'année suivante, il me permit d'aller voir le Cardinal, qui étoit à Tarascon fort malade, & dit au Pere de la Chaise qu'il étoit bien-aise que certaines gens l'allassent voir en cet état-là : Helas! le pauvre Prince avoit peut-être bonne opinion de moi, & il avoit raison de l'avoir en ce tems-là. J'étois tout frais des Missions Orientales, où je n'avois pas laissé de prendre de bonnes teintures, seulement en voyant faire, & faisant tant soit peu d'attention.

Un mois après que je fus arrivé à Paris, les Ambassadeurs de Siam y arriverent. Le Roi les fit défrayer par tout, & leur donna Audience dans la grande Gallerie de Versailles. On y avoit élevé un Thrône magnifique. Ils firent une fort belle Harangue, que l'Abbé de Lionne, Missionnaire, expliqua en François. Ils marquerent au Roi des respects qui alloient presque jusqu'à l'adoration, & en s'en retournant ils ne voulurent jamais tourner le dos, & allerent à reculon. Les Présens qu'ils avoient apportez étoient rangez dans le Salon au bout de la Gallerie. Monsieur de Louvois, qui n'estimoit pas beaucoup les choses où il n'avoit point de part, les méprisoit extrêmement. Monsieur l'Abbé, me dit-il en passant, tout ce que vous avez apporté là vaut-il bien quinze cens Pistoles? Je n'en sçai rien, Monsieur, lui répondis-je le plus haut que je pus, afin qu'on m'entendist, mais je sçai fort bien qu'il y a pour plus de vingt mille Ecus d'Or pesant, sans compter les façons, & je ne dis rien des Cabinets du Japon, des Paravents, des

Porcelaines. Il fit en me regardant, un sourire dédaigneux ; & il passa quelqu'un, qui apparemment conta au Roi cette belle conversation ; car dès le soir même, M. Bontems me demanda, de la part du Roi, si ce que j'avois dit à M. de Louvois étoit bien vrai. Je lui en donnai la preuve, en lui donnant un mémoire exact du poids de chaque Vase d'Or, & je l'avois fait faire à Siam avant que de partir ; je suis persuadé qu'on le vérifia dans la suite. Cette bagatelle ne laissa pas d'irriter Monsieur de Louvois contre moi. Il ne m'aimoit pas déjà, parce que j'étois des amis du Cardinal de Boüillon, sa bête. Quatre jours après il conta à Meudon, en pleine table, une Histoire de moi fausse depuis le commencement jusqu'à la fin, où Monsieur l'Archevêque de Paris étoit fort mêlé. L'Archevêque le sçut, m'envoya querir, me conta tout, & me dit : Mon pauvre Abbé, ne relevons point la médisance, c'est le moyen de la faire crever. Je ne dirai rien davantage des Ambassadeurs Siamois, il y a des Livres imprimez de leurs bons mots, & dans le vrai, le premier Ambassadeur avoit beaucoup d'esprit, il avoit ſoin de nous à Siam, il faiſoit à peu près la Fonction de Gentil-homme ordinaire. Je dis à M. Conſtance que cet homme-là me paroiſſoit propre à réuſſir en France : il me dit qu'il n'étoit pas aſſez grand Seigneur pour le charger d'une ſi belle Ambaſſade, & que d'ailleurs il étoit mal content de la Cour, parce qu'à la mort de *Barka'on* ſon Frere, on lui avoit ôté deux millions ; je lui répondis qu'on pouvoit lui faire donner un plus grand Titre ; & que les bienfaits effaçoient les injures ; il y ſongea, en parla au Roi de Siam, le fit *Opra*, & Ambaſſadeur. Il faut pourtant avoüer que M. Conſtance avoit raiſon. Ce bon Ambaſſadeur ſe mit à ſon retour dans le parti du Pitacha, & par ſes conſeils contribua beaucoup à le faire Roi, & à faire ſcier en deux le pauvre M. Conſtance. Il eſt à préſent *Barkalon*, c'eſt-à-dire, Premier Miniſtre. La Harangue qu'il fit au Roi à ſon Audience de congé, fut admirée. On me fit l'honneur de me ſoupçonner d'y avoir mis la main. Le Roi m'envoya chercher pour me la demander, il la vouloit faire voir à Madame de Maintenon ; je lui en portai un broüillon qui ſe trouva dans ma poche, il m'ordonna de lui en aporter au retour de la chasse une Copie bien écrite, ce que je fis. La verité est que les Ambassadeurs avoient mis dans leur patois une partie des pensées qui y sont, l'Abbé de Lionne les avoit traduites en françois, M. Tiberge y avoit donné ce tour simple, naturel & noble qu'il sçait donner à tout ce qu'il fait, & j'y avois marqué quelque point & quelque virgule; on sera peut-être bien-aise de la retrouver ici.

GRAND ROI.

Nous venons ici pour demander à VOTRE MAJETTÉ la permission de nous en retourner vers le Roi notre Maître. L'impatience où nous sçavons qu'il est d'apprendre le succès de notre Ambassade, les merveilles que nous avons à lui raconter, les gages précieux que nous lui portons de l'estime singuliere que VOTRE MAJESTÉ a pour lui, & sur tout l'assurance que nous lui devons donner de la Royale amitié qu'elle contracte pour jamais avec lui, tout cela beaucoup plus encore que les vents & la saison, nous invite enfin à partir, pendant que les bons traittemens que nous recevons ici de toutes parts par les Ordres de VOTRE MAJESTÉ, seroient capables de nous faire oublier notre Patrie ; & si nous l'osons dire, les ordres mêmes de notre Prince ; mais sur le point de nous éloigner de votre personne Royale, nous n'avons point de paroles qui puissent exprimer les sentimens de respect, d'admiration & de reconnoissance dont nous sommes pénétrez ; nous nous étions bien attendus à trouver dans VOTRE MAJESTÉ des Grandeurs & des qualitez extraordinaires, l'effet y a pleinement répondu ; & même il a surpassé de beaucoup notre attente. Mais nous sommes obligez de l'avoüer, nous n'avions pas crû y trouver l'accès, la douceur, l'affabilité que nous y avons rencontrées, nous ne jugions pas même que des qualitez qui paroissent si opposées pussent compatir dans une même personne, & qu'on pût accorder ensemble tant de Majesté, & de bonté. Nous ne sommes plus surpris que vos peuples, trop heureux de vivre sous votre Empire, fassent paroître par tout l'amour & la tendresse qu'ils ont pour votre Royale personne. Pour nous, Grand Roi, comblez de vos bien-faits, charmez de vos vertus, touchez jusqu'au fond du cœur de vos bontez, saisis d'étonnement à la veuë de vostre haute sagesse, & de tous les miracles de votre regne, notre vie nous paroît trop courte, & le monde entier trop petit pour publier ce que nous en pensons. Notre Mémoire auroit peine à retenir tant de choses, c'est ce qui nous à fait recüeillir dans des Registres fideles tout ce que nous avons pû ramasser, & nous les terminerons par une protestation sincere, que quoique nous en disions beaucoup, il nous en est encore beaucoup plus échapé. Ces Mémoires seront consacrez à la posterité, & mis en dépost entre les Monumens les plus rares & les plus précieux de l'Etat. Le Roi notre Maître les envoyera pour Présent aux Princes ses Alliez & par là l'Orient sçaura bien-tôt & tous les siécles avenir apprendront les vertus incompréhensibles de Louis le Grand. Nous porterons enfin l'heureuse nouvelle de la santé parfaite de votre Majesté, & le soin que le Ciel a pris de continuer le cours d'une vie qui ne devroit jamais finir.

Cette harangue, qui reçut tant d'applaudissement, fut suivie de seize autres que les Ambassadeurs firent le même jours aux Princes & Princesses de la maison Royale, il y avoit du bon sens & de l'esprit partout. Je metrai encore icy celle qu'ils firent à M. le Duc de Bourgogne.

GRAND PRINCE,

Qui serez toûjours la gloire & l'ornement de tout l'Univers, nous allons préparer dans l'Orient les voyes à la renommée qui y portera dans peu de tems le récit de vos victoires & de vos Grandes actions. Si nous vivons encore alors, ce témoignage que nous rendrons de ce que nous avons découvert en Vous, sera croire tout ce qui dans vos exploits pourra paroître incroyable; nous l'avons vû, dirons-nous, ce Prince encore enfant, & dès ce tems-là, son ame paroissant sur son front & dans ses yeux, nous le jugions capable de faire un jour tout ce qu'il fait aujourd'hui : mais ce qui comblera de joye le Roi notre Maître, sera l'assurance que nous lui donnerons que le Royaume de Siam trouvera en vous un ferme appui de l'amitié que nous sommes venus contracter avec la France.

Je retrouvai encore dans mes papiers le petit compliment qu'ils firent à M. le Duc de Berry.

Grand Prince à qui le Ciel réserve des victoires & des Conquêtes, nous aurons l'avantage de porter au Roi, notre Maître, la premiere nouvelle qu'il ait jamais reçû de Vous, & nous le remplirons de joye, en lui marquant le bonheur que nous avons eu de vous voir naître, & l'heureux présage que l'on a tiré de cette Ambassade, pour votre Grandeur future. Nous souhaittons que votre réputation nous suive de près, & passe bientôt les Mers après nous, pour répandre l'allegresse dans une Cour & dans un Royaume où vous serez parfaitement honoré.

Madame la Dauphine étoit accouchée de M. le Duc de Berry quelque tems après l'arrivée des Ambassadeurs de Siam. On chanta le *Te Deum* à Notre-Dame, M. le Chancelier & les Evêques se plaignirent de ce que les gardes du Corps n'étoient pas sous les armes en leur présence : Mais Saintôt, maître des

Cérémonies, leur dit que les gardes du Corps ne faisoient que battre du pied pour M. le Chancelier, & que pour Messieurs du Clergé, ils ne prenoient les armes que lorsqu'ils alloient en corps à l'Audiance du Roi. Il y eut le soir un grand bal à l'Hôtel de Ville, où les Ambassadeurs de Siam ne voulurent point aller, disant qu'ils n'avoient pas encore fait toutes les visites de la Maison Royale, & que leur devoir devoit marcher devant leurs plaisirs.

Fin du cinquième Livre.

MEMOIRES POUR SERVIR A L'HISTOIRE DE LOUIS XIV.

LIVRE SIXIE'ME.

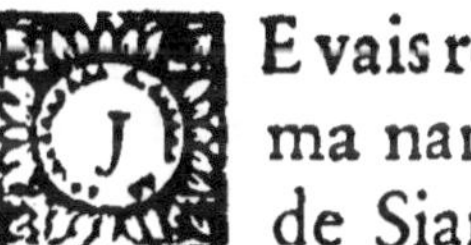

E vais reprendre à présent le fil de ma narration, que l'Ambassade de Siam m'a fait interrompre.

Le Maréchal d'Etrées Vice-Amiral de France, qui commandoit la flotte devant Cadix, manda au Roi que les Espagnols s'etoient enfin mis à la raison, & qu'ils avoient promis de rendre incessament aux Marchands François les cinq cens mille écus qu'ils avoient exigez d'eux dans le Méxique, sous prétexte qu'ils avoient porté des marchandises de contrebande. Cette affaire duroit depuis un an, & la jeune Reine d'Espagne, craignant qu'elle ne causât la guerre, avoit offert plusieurs fois au Conseil de Madrid de vendre ses Pierreries pour trouver l'argent qui manquoit. Il s'étoit même déja fait quelque acte d'hostilité, Ferrant chef d'Ecadre, avoit attaqué & pris après un assez rude Combat, deux Gallions d'Espagne à la veuë de dix Vaisseaux de Guerre Hollandois, qui étoient demeurez simples spectateurs du Combat, & cette sagesse Hollandoïse avoit extrémement déplu au Prince d'Orange, qui ne cherchoit que l'occasion de broüiller les affaires dans l'Europe. Les Gallions s'étoient fort bien défendus pendant quelques heures, & plus de trois cens hommes y avoient été tuez & blessez, lorsque dans le fort du Combat, il parut dans une petite Chaloupe un Prêtre Espagnol à genoux le Crucifix à la main demandant quartier; ce spectacle fit tomber les armes des mains pitoyables, on reçut les Gallions à misericorde, & quinze jours après l'accommodement étant fait, on les renvoya à Cadix.

Le Roi paroissoit se porter fort bien & montoit tous les jours à Cheval, il alloit souvent voir sa Gendarmerie, qui campoit dans la plaine d'Archeres, c'étoit le Duc de Noailles qui commandoit. Les Courtisans envieux & mutins vouloient se mocquer de lui, faisoient des chansons, & ne le croyoient pas capable d'un employ plus difficile ; il a fait voir dans la suite qu'ils avoient tort, il a pris des Villes & gagné des Batailles tout comme un autre, & s'il n'avoit pas l'esprit aussi vif que M. de Luxembourg, il avoit en recompense un fond de probité à toute épreuve, une application infinie, un attachement tendre & sincere à la personne du Roi, & ces qualitez solides, en valoient bien de plus brillantes.

Au commencement du mois de Juillet, le Roi alla faire un petit voyage à Maintenon, il voulut être presque seul, & ne mena que les Officiers absolument necessaires. Les Princesses, les Dames ; tout en fut exclus, hors la seule Madame de Maintenon, accompagnée de Madame de Monchevreüil.

Madame de Montespan sentoit aussi vivement que jamais tous les dégoûts qu'on lui donnoit. Cela servit pourtant à lui faire souffrir le Marquis d'Antin, son fils légitime. On ne l'avoit point vû dans son enfance, soit politique, soit aversion, elle l'avoit tenu éloigné de la Cour. Ce n'étoit que depuis que de lui-même il s'étoit fourré par tout. Il étoit beau, l'esprit vif, & gascon sur le tout, on n'est pas honteux avec ces qualitez-là. Monseigneur l'aimoit assez, M. le Duc du Maine & Madame de Bourbon avoient pour lui les égards que le sang leur préscrivoit, il plut même au misanthrope Montausier, qui lui donna en mariage Mademoiselle d'Usez, sa petite fille. Les mauvais plaisans disoient que c'étoit la faire poissonniere la veille de Pâques. Il lui donna 20000. écus comptant & la Lieutenance de Roi d'Alsace qui en vaut 8000. de rente. Le Duc & la Duchesse d'Usez lui assurerent cinquante mille écus après leur mort; le Marquis d'Antin avoit douze mille livres de rente, que sa mere lui avoit abandonné quand elle s'étoit separée de biens d'avec M. de Montespan; elle lui assura encore en le mariant, deux mille écus de Pension, fit meubler aux nouveaux mariez leurs appartemens de Verſailles, & leur fit pour plus de quarante mille francs de Préſens en pierreries & en bijoux. D'Antin avoit été Menin de Monſeigneur ; & perſonne, en voyant le fils à la Cour, n'avoit douté de la décadence de la mere.

Le Roi, dans ſon voyage, viſita les Travaux immenſes qu'on faiſoit pour conduire la Riviere d'Eure à Verſailles, & quoiqu'il fût bien aiſe de les voir en bon état, il fut fort fâché d'apprendre que les maladies populaires s'étoient miſes dans les Troupes ; (les Terres remuées rendent l'air mauvais) & qu'il y étoit mort beaucoup d'Officiers & de ſoldats ; il donna ſes Ordres pour travailler à la Maiſon & au Jardin de Maintenon ; il fut ſi content de ſon voyage, qu'il réſolut d'y retourner ſouvent, mais il n'en eut pas le tems : les grandes affaires qui lui ſurvinrent l'occuperent entierement ; il apprit qu'on avoit ſigné à Auſbourg une Ligue, qui paroiſſoit faite uniquement contre lui. L'Empereur, le Roi d'Eſpagne, & le Roi de Suede y avoient ſigné pour les Etats qu'ils ont dans l'Empire, & y avoient fait entrer l'Electeur de Baviere, tous les Princes de la Maiſon de Saxe, & les

Cercles

Cercles de Baviere, de Franconie & du haut Rhin; ils diſoient, dans le Traité, qu'il n'étoit fait que pour la conſervation de l'Allemagne, & l'éxecution, tant des Traitez de Weſtphalie & de Nimegue, que de la Treve concluë en 1684. entre l'Empire & la France; mais ils y avoient inſéré des clauſes, par leſquelles l'Empereur pouvoit, quand il voudroit, les obliger de déclarer la Guerre au Roi: ils s'engagerent à entretenir une Armée de ſoixante mille hommes, dont l'Empereur devoit fournir ſeize mille hommes, le Roi d'Eſpagne ſix mille, l'Electeur de Baviere huit mille, le Cercle de Baviere deux mille, celui de Franconie quatre mille, celui du haut Rhin quatre mille, la Suede & la Maiſon de Saxe à proportion; le Prince de Valdeк étoit nommé Général de cette Armée; le Marquis de Brandebourg, Général de la Cavalerie; & le Comte Tungent, Général major de l'Infanterie.

Le Roi, en aprenant la Ligue d'Auſbourg, aprit auſſi que le Prince d'Orange l'avoit négociée: mais ce qui le ſurprit davantage, on lui manda de Rome, que ce Prinee y avoit des Agens ſecrets, qui ne ſongeoient qu'à décrier la conduite de SA MAJESTÉ; ils avoient déja gagné quelques-uns des Ministres du Pape ; ils protestoient que ce Prince, en faisant des Ligues contre la France, n'avoit en vûë que le repos de l'Europe, & qu'il n'avoit aucun éloignement pour les Catholiques ; que les Princes d'Orange les avoient toûjours traittez avec beaucoup de douceur, & qu'on voyoit assez par l'Histoire, que ses Peres avoient renoncé à notre religion presque malgré eux, & seulement pour s'opposer à la tyrannie des Espagnols, & à l'Inquisition qu'ils vouloient établir dans des Provinces naturellement portées à la liberté ; ainsi après avoir fait des Ligues contre les Princes protestans & avoir travaillé, sous main, à réunir les Princes Catholiques contre le Roi ; le Prince d'Orange esperoit encore mettre dans ses interêts celui, de tous les hommes du monde, qui devoit lui être le plus contraire.

Ces nouvelles obligerent le Roi de songer aux moyens de se défendre si on l'attaquoit, les Frontieres en Flandres étoient en fort bon état, Menin & Maubeuge, places toutes nouvelles, tenoient en bride les Garnisons ennemies ; &

mettoient à couvert les païs nouvellement conquis. Les frontieres d'Allemagne, n'étoient pas moins assûrées. Strasbourg par les vastes fortifications qu'on y avoit faites étoit devenuë inattaquable, il eût fallu cent mille hommes pour en faire la circonvallation; le Fort-Louis, Brisac, & Huningue bordoient le Rhin, & Sarre-Loüis assuroit un grand Païs.

Le Roi avoit fait bâtir ces deux places avec une dépense prodigieuse. Choisy Maréchal de Camp, & le plus habile des Ingénieurs, avoit fait Sarre-Loüis comme pour lui : le Roi lui en avoit donné le Gouvernement, & se fiant à sa capacité, il lui avoit donné la permission de tailler en plein drap, & d'y faire tous les ouvrages qu'il voudroit. Choisi est mon cousin issu de germain; nos grands-peres étoient freres; sa branche étoit cadette & gueuse; il se fit d'abord Mousquetaire, & se trouvant propre aux Mathematiques, il se donna tout entier aux fortifications, & prit son parti de se faire tuer, ou de faire fortune; il avoit essuyé dix mille coups de mousquet, & n'étoit encore que Lieutenant de Roi de Limbourg, lorsque le Prince d'Orange assiégea Mastricht, il fit en cette occasion un coup bien hardi, il quitta Limbourg sans ordre de la Cour, & s'alla jetter dans Mastricht, où il entra à la nage par le fossé. Caylus, qui commandoit dans la place, fut ravi de le voir, & se reposa sur lui de la défence. Ce que je sçai bien, Messieurs, dit Caylus aux Officiers de la garnison, c'est que je ne me rendrai jamais, mais ce qui fut fort heureux pour Choisy, c'est que le Roi lui avoit envoyé un Courrier à Limbourg avec ordre de se jetter dans Mastricht, & quand le Roi sçut qu'il y étoit entré, Sa Majesté témoigna beaucoup de joye, & dit tout haut, je suis sûr qu'ils se défendront bien. En effet, après quarante-trois jours de Tranchée ouverte, le Prince d'Orange leva le siége; & Choisy apporta la nouvelle à la Cour; il eut des gratifications & des pensions, il fut ensuite fait Maréchal de Camp, Gouverneur du Château de Cambray, & puis de Thionville, & enfin de Sarre-Loüis. J'aurai une belle occasion de parler de lui, lorsqu'après la blessure du Comte de Tallard, il eut ordre du Roi d'aller commander l'Armée qui assiégeoit Rhinfeldt, où il eut un honneur que Vauban lui-même n'a jamais eû ; il commanda une Armée.

Mais pour revenir aux mesures que le Roi prenoit pour se défendre, en cas qu'on l'attaquât, il jugea à propos de faire faire de nouvelles Fortifications à Huningue, de l'autre côté du Rhin, & les Ministres eurent ordre d'avertir les Princes d'Allemagne qu'il étoit prêt à dédommager le Marquis de Bade, sur le fond duquel on alloit élever ces nouvelles Fortifications ; ils dirent encore que S. M. n'avoit voulu rien innover pendant le Siége de Bude, mais que, l'issuë en ayant été heureuse pour l'Empereur, & que d'ailleurs, apprenant les Ligues qui se formoient contre lui dans l'Empire, il étoit bien-aise de mettre ses Places hors d'état d'être insultées par ceux qui voudroient faire la Guerre, ou interrompre le Commerce de ses Sujets.

Il apprit en ce tems-là que le Roi de Dannemarck avoit fait une entreprise sur Hambourg, & qu'il y avoit échoué. L'Electeur de Brandebourg & les Princes de la Maison de Brunswik avoient fait marcher des Troupes de ce côté-là, & l'avoient contraint de retirer les siennes, il étoit même assez embarassé dans sa retraite, & pouvoit craindre d'être attaqué à ſon tour, lorſque le Roi fit dire à ces Princes qu'ils avoient bien fait de ſecourir la Ville de Hambourg, mais que puiſque le Roi de Dannemarck n'y penſoit plus, il leur conſeilloit de le laiſſer en repos, & de ſe ſouvenir que ce Prince étoit ſon Allié. Une ſi grande application aux affaires nuiſit peut-être à ſa ſanté, il eut la Fiévre double tierce aſſez violente, des accès de vingt-huit heures, les Médecins voulurent d'abord le traitter ſuivant l'ancienne méthode, on le ſaigna, on le purgea, le mal en devint plus grand, il falut avoir recours au Quinquina, qui fit le miracle ordinaire, & le guerit parfaitement.

Les ſoins de l'Etat & ceux de ſa ſanté ne l'empêchoient pas de ſe faire raporter, dans ſon Conſeil d'en-haut, les affaires quand elles étoient importantes; le Procès du Marquis d'Ambre contre Mademoiſelle d'Arpajou fut fort diſcuté, M. de Châteauneuf Raporteur conclut pour le Marquis, Monſieur fut du même avis, ainſi que Meſſieurs de Beauvilliers, de Croiſſy & l'Abbé le Pelletier; M. le Chancelier, le Controlleur Général, Meſſieurs de Louvois, de Ribere, Benard de Rezé, Bignon, & Villacerf furent pour la Damoiſelle qui gagna ſon procès ; le Roi s'étant joint au plus grand nombre.

Il commença en ce tems-là , à aller ſouvent à Marly ; il nommoit ceux qui devoient le ſuivre ; & Bontemps les logeoit deux à deux dans chaque Pavillon. On y trouvoit tout ce qui étoit néceſſaire à la toilette des femmes , & même des hommes , & quand les femmes étoient nommées , les maris y alloient ſans demander. Madame de Maintenon y faiſoit là grande figure ; le Roi paſſoit toutes les ſoirées chez elle , Madame de Monteſpan ſe rongeoit les doigts , & ne pouvoit ſe réſoudre à quitter la partie ; elle lâchoit de tems en tems au Roi quelques mots picquants , & lui dit un jour qu'elle avoit une grace à lui demander , qui étoit de lui laiſſer le ſoin d'entretenir les gens du ſecond Caroſſe & de divertir l'Anti-Chambre. Ces manieres deſagréables auroient pû la faire ſonger à la retraitte , mais ſon heure n'étoit pas encore venuë , & la Providence pour la punir du paſſé lui devoit encore bien faire avaler des Couleuvres. La Princeſſe de Conty fut quelque tems ſans être de ces parties de divertiſſement, elle avoit fait des railleries picquantes d'une perſonne que le Roi honoroit de ſon amitié , & ne l'avoit pas épargné lui-même , il avoit ſenti l'ingratitude de ce procedé , & le plus grand des Rois , le meilleur des peres avoit eû du chagrin de la part de ſes propres enfans ; ſa bonté les reçût bien-tôt à miſericorde , il oublia tout & les traitta à l'ordinaire.

Monſieur avoit reçû depuis peu une partie de ce qui devoit revenir à Madame pour la ſucceſſion de M. l'Electeur Palatin , Madame l'Electrice ſa mere étoit morte il y avoit cinq ou ſix mois. Elle étoit Fille du Land-grave de Heſſ, & de cette fameuſe Lande-gravine , ſi bonne amie des François. L'Empereur lui devoit plus de cinquante mille écus, & ſes ſujers lui en devoient plus de deux cent mille ; il y avoit dans ſes greniers & dans ſes Caves au moins pour cinq cens milles livres de grains & de vin,& beaucoup de beaux meubles , entr'autres plus de quarante tentures de Tapiſſeries , outre les prétentions que Madame avoit ſur des Terres qui ne dépendoient pas de l'Electorat. Monſieur acheta des pendans d'oreilles de quarante mille écus , &

& ſe fit un grand plaiſir de meubler ſa Gallerie du Palais Royal.

Au commencement du mois d'Octobre le Roi partit de Verſailles pour Fontainebleau, il avoit avec lui dans ſon Carroſſe, Monſieur, Madame la Ducheſſe de Bourbon, la Princeſſe de Conty & Madame de Maintenon, ſa faveur ſe déclara de plus en plus à Fontainebleau; elle eut un fort bel appartement de plein pied à celui du Roi, qui commença à aller chez elle tous les ſoirs comme il avoit accoûtumé d'aller chez Madame de Monteſpan; il y faiſoit venir ſouvent Madame de Bourbon, dont la gayeté extraordinaire l'amuſoit & le divertiſſoit. Elle étoit très-jolie, avec beaucoup d'eſprit, plaiſante, Railleuſe, n'épargnant perſonne, ſe réjouiſſant d'une bagatelle, coëffant ſon genoux comme une poupée quand elle n'avoit rien de mieux à faire, voulant plaire à tout le monde & trouvant le moyen d'y réuſſir, caractére ſingulier & qui plaît d'abord.

Madame de Monteſpan arriva à Fontainebleau après les autres; le Roi qui la craignoit aſſurément plus qu'il ne l'aimoit, retourna les ſoirs chez elle, & lui donna extérieurement des marques de considération. Il fit un grand plaisir à Madame en déclarant le Mariage de Mademoiselle de Theobon, sa favorite, avec le Comte de Beuvron, il leur donnoit depuis deux ans vingt mille francs de pension, douze au mari & huit à la femme. M. de Seignelay, intime ami de Beuvron, fut dans une grande colere qu'il lui eût fait un secret de son Mariage.

Il y avoit tous les jours à Fontainebleau des Comedies, mais le Roi commença à n'y plus aller ; on croyoit d'abord que c'étoit les affaires, on reconnut que c'étoit scrupule, & chacun admira qu'un Prince à son âge eût la force de renoncer aux plaisirs ; il lui vint un autre scrupule, pour le moins aussi bien fondé sur la nomination des Evêchez, il y aporta plus de précautions que jamais, on ne laissa pas d'être trompé. Ce ne fut pas lorsqu'il nomma l'Abbé de *Quincé* à l'Evêché de Poitiers. Cet Abbé, ami de M. de la Rochefoucault, rendit son Brevet au bout de huit jours & s'excusa sur sa mauvaise santé, action héroïque & que Dieu aura récompensé dans le Ciel. Il est vrai qu'il ne se portoit pas trop bien, il mourut au bout de quatre ou cinq mois, mais un autre eût toûjours gardé l'Evêché en attendant le retour d'une ſanté délicate que la Mître pouvoit fortifier.

Le Roi aprit que le Pape avoit fait Cardinal l'Abbé le Camus Evêque de Grenoble, & qu'au lieu d'attendre, ſelon la coûtume, à recevoir la Barette des mains du Roi, il l'avoit priſe impatiemment de l'Abbé Servien, Camerier de Sa Majeſté, qui paſſoit par Grenoble pour aller à Paris porter auſſi la Barette au Nonce Ranuzzi, & que dès ce même jour en mangeant ſes Carottes, il s'en étoit paré. Auſſi quand il écrivit pour demander la permiſſion de venir à Verſailles la recevoir des mains du Ro i, Sa Majeſté lui fit répondre que ſon voyage étoit inutile, puiſque la choſe étoit déja faite.

Le Nonce Ranuzzi en uſa plus galamment que le Camus ; il ôta ſa Barrette dès qu'il vit le Roi, & ne la remit qu'après qu'il l'eut reçû en Cérémonie des mains de Sa Majeſté, auſſi fut-il traitté d'une maniere fort diſtinguée. Le Roi le fit manger avec lui à la même table ſur la même ligne, quatre ou cinq places entre deux.

J'ai envie, puisque je m'en souviens, de mettre ici un peu au long, comme la chose se passa.

Le Cardinal étoit assis sur un pliant, & fut servi par Desormes, Controlleur Général de la Maison du Roi, des mêmes Services que S. M. sans oublier les hors d'œuvre ; le Roi la premiere fois qu'il but, dit au Cardinal : il est juste, Monsieur, que je commence à boire à la santé de Sa Sainteté, il s'étoit levé auparavant, & avoit ôté son Chapeau, mais avant que de boire il se rassit & se couvrit ; le Cardinal demeura debout & découvert, & un moment après il demanda au Roi permission de boire à la santé du plus grand Roi de la Terre, & à la prosperité de la Chrétienté, il but debout & découvert ; le Roi demeura toûjours assis & couvert, & mit seulement la main au Chapeau au commencement du compliment, & après que le Cardinal eût bu.

Le Roi à l'âge de cinq ans avoit fait cet honneur-là, au Cardinal Grimaldi, & en 1664. au Cardinal Chigi, Légat & Neveu d'Alexandre VII. il ne l'avoit pas voulu faire à Roberti, qui fut nommé Cardinal pendant qu'il étoit Nonce en France, le feu Roi l'avoit fait au Cardinal Bichi & ne l'avoit pas fait au Cardinal Spada.

On parloit déja de retourner à Versailles lorsque la Duchesse de Bourbon eut la petite verolle, un si vilain mal & si dangereux fit précipiter le retour ; Monseigneur & Madame la Dauphine revinrent d'abord , & le Roi quelques jours après , ne parloit plus de son mal. Il se promenoit tous les jours dans ses jardins de Versailles , il paroissoit guai & tranquille , lorsqu'on aprit avec grande surprise qu'on venoit de lui faire la grande operation ; il y avoit six semaines que l'affaire étoit résoluë , mais personne ne le sçavoit que Madame de Maintenon , M. de Louvois , le Pere de la Chaise , le premier Medecin Fagon , le Medecin de la feüe Reine , & Felix premier Chirurgien qui devoit faire l'operation.

Fagon commençoit à avoir beaucoup de Crédit. Le public l'avoit toûjours cru plus habile que Daquin , & le Roi ne faisoit que de s'en apercevoir. Madame de Maintenon le protégeoit depuis qu'il avoit accompagné le Duc du Maine à Barege , Sa Majesté n'avoit jamais le moindre mal de tête qu'elle ne le fît appeller ; toutefois après le premier Medecin, dont l'autorité établie depuis long-temps, ne pouvoit être ébranlée qu'à la longue : il ne fut chassé que cinq ou six ans après. La ...... m'a conté que le Roi étant à Marly, eut un fort grand accès de fiévre. Les Medecins sur le minuit voyant que la fiévre diminuoit lui firent prendre un boüillon ; Daquin dit : voilà qui est sur son declin, je m'en vais me coucher ; Fagon fit semblant de le suivre, & s'arrêta dans l'anti-chambre, en disant entre ses dents : quand donc veillerons-nous, nous avons un si bon Maître, & qui nous paye si-bien. Il se mit dans un fauteüil, appuyé sur son bâton, il y étoit aussi-bien que dans sa chambre, parce qu'il ne se deshabilloit jamais, & ne dormoit qu'à son séant à cause de son asthme. Une heure après, le Roi appella le Premier Valet de Chambre, & se plaignit à lui que sa fiévre duroit encore, il lui dit : Sire, M. Daquin s'est allé coucher ; mais M. Fagon est là-dedans, le ferai-je entrer ? Que me dira-t-il ? lui dit le Roi, qui craignoit que le Premier Medecin ne le sçût : Sire, reprit Niest (& ce que je dis ici je le sçai de lui) il ne vous dira peut-être rien, il vous conſolera. Fagon entra, tâta le poulx, fit prendre de la ptiſanne, fit changer de côté, & enfin il ſe trouva ſeul auprès du Roi pour la premiere fois de ſa vie. Daquin eut ſon congé trois mois après ſur une bagatelle, dont on lui fit une querelle d'Allemand. Il avoit demandé l'Archevêché de Tours pour ſon fils : ſi demander plus qu'il ne devoit étoit un crime, il y avoit long-temps qu'il eût été criminel.

Le Roi avoit dit quelque choſe à M. de la Rochefoucault de l'operation qu'on lui devoit faire. Felix donna deux coups de biſtouri, & huit coups de ciſeau: il avoit fait faire un inſtrument d'une maniere nouvelle, qu'il avoit eſſayé ſur des corps morts, & il prétend que cela épargna quelques coups de ciſeau. Le Roi ne ſouffla pas pendant l'operation; & dès qu'elle fut faite, il l'envoya dire à Monſeigneur qui étoit à la chaſſe, à Madame la Dauphine dès qu'elle fut éveillée, à Monſieur & à Madame qui étoient à Paris, & à M. le Prince qui étoit à Fontainebleau auprès de Madame de Bourbon. Monſeigneur quitta la chaſſe auſſitôt, & revint à Verſailles à toute bride, & en pleurant. Il ſe jetta d'abord aux pieds du lit du Roy, & n'eut pas la force de lui parler ; mais le Roi lui dit : Tout va bien, mon fils, & s'il plaît à Dieu, je n'en aurai que le mal. Madame de Maintenon étoit au chevet du lit de Sa Majesté. Madame de Montespan vint à la porte de la chambre, & voulut entrer avec cet air impérieux, qu'une longue domination lui avoit fait prendre ; mais l'Huissier avoit ses Ordres : elle n'entra pas, & eut le chagrin cuisant de voir la place prise par une personne plus digne de l'occuper ; elle s'en retourna à son appartement, & laissa échaper dans les antichambres plusieurs démonstrations d'une douleur immoderée, que les Courtisans malicieux disoient venir de colere & de dépit.

On ne peut exprimer l'effet que produisit dans l'esprit des Parisiens une nouvelle si surprenante ; chacun sentit dans ce moment combien la vie d'un bon Roi est précieuse ; chacun crut être dans le même danger où il étoit ; la crainte, l'horreur, la pitié étoient peintes sur tous les visages ; les moindres du peuple quittoient leur travail pour dire ou pour redire : on vient de faire au Roi la grande operation ; ce mot auquel on n'étoit pas accoûtumé, effrayoit encore davantage. J'ai oüi de mes oreilles un Porteur de chaise dire en pleurant : on lui a donné vingt coups de bistouri, & ce pauvre homme n'a pas sonné mot ; qu'on lui a fait de mal, disoit un autre : on ne parloit d'autres choses dans toutes les ruës, & tout Paris le sçut dans un quart d'heure. Les Eglises se remplirent dans un moment, sans qu'il fût besoin que les Curez s'en mêlassent : on demandoit à Dieu la guerison d'un Prince, qui, après avoir mis le nom François au-dessus de tous les autres noms, étoit sur le point de combler de bonheur une nation qu'il avoit déja comblée de gloire ; on demandoit à Dieu de prolonger une vie dont les commencemens étoient si grands, & dont la fin, suivant toutes les apparences, devoit être si desavantageuse à son peuple. Cet empressement si naturel & volontaire dura tant qu'on crut le Roi en quelque danger. On ne pouvoit se lasser de donner des loüanges à Felix, qui depuis deux mois s'étoit exercé à ces sortes d'operations, & l'avoit fait plusieurs fois dans les Hôpitaux de Paris.

Son exemple, si peu ordinaire aux gens qui sont en place, avoit produit un effet admirable ; les jeunes gens Chirurgiens avoient redoublé leurs applications en voyant leur Chef travailler de la main comme un autre, & ne pas dédaigner la guérison des pauvres aussi-bien que celle des plus grands Seigneurs. Après l'operation il recommanda sur-tout au Roi de demeuter en paix au moins jusqu'à suppuration ; mais il n'en fit rien, le devoir de la Royauté le pressoit. Il fit appeller ses Ministres, & voulut tenir le Conseil, il ne le fit pourtant pas le matin, il souffroit trop ; il fallut au moins donner quelques heures à la nature : les Ministres s'en allerent ; mais ils revinrent l'aprèsdinée, & les Conseils allerent depuis leur train ordinaire. Il donna le lendemain Audience aux Ambassadeurs & aux Ministres des Princes Etrangers ; & leur parla avec une présence d'esprit & une gayeté, qui les força d'écrire à leur Maître ce qu'ils venoient de voir & d'admirer. On voyoit pourtant la douleur peinte sur son visage ; son front étoit presque toûjours en sueur de pure foiblesse, & cependant il donnoit ses Ordres, & se faisoit rendre compte de tout. Il mangeoit en public dans ſon lit, & ſe laiſſoit voir deux fois par jour aux moindres de ſes Courtiſans; il ne témoigna aucune impatience à tous les coups de ciſeaux qu'on lui donna, il diſoit ſeulement : Eſt-ce fait, Meſſieurs, achevez, & ne me traitez pas en Roi, je veux guérir comme ſi j'étois un Payſan. Quand on le penſoit, il n'y entroit que les Premiers Valets de Chambre, le Duc d'Aumont Premier Gentil-homme de la Chambre en année, M. de la Rochefoucault, M. de Louvois dès le commencement; & ſur les fins, M. de Seignelai. Une ſi grande fermeté contribua beaucoup à ſa guériſon; la tranquilité de l'eſprit appaiſa le boüillonnement du ſang; la Fiévre, qui acompagne la ſupuration, ne l'échauffa pas, & les Medecins le croyoient hors d'affaire au bout de quinze jours lorſqu'il parut un ſac, & il fallut faire une nouvelle operation. Elle ne fut pas ſi longue que la premiere, mais elle fut plus douloureuſe, parce qu'on ne vouloit plus y revenir; on alla bien avant dans la chair vive, & le Héros ſe comporta à ſon ordinaire.

Quelques jours après Monſieur le Duc

revint de Fontainebleau, il fit au Roi les Complimens de Monſieur le Prince, & lui dit que Monſieur le Prince de Conty étoit bien fâché de n'oſer lui-même témoigner à S. M. ſa joye ; le Roi lui dit qu'il pouvoit revenir, s'il vouloit ; il vint le lendemain de Chantilly, où il étoit dans une eſpece d'éxil, & ſalua le Roi, qui lui dit : Mon Couſin, quand on eſt éloigné on croit mon mal plus grand qu'il n'eſt, mais dès que l'on me voit on juge aiſément que je ne ſouffre pas beaucoup ; le Prince s'humilia, parla peu, ne voulut voir perſonne chez lui, & retourna auſſi-tôt dans ſa retraite, ne croyant pas que le Roi lui eût rendu tout-à-fait ſes bonnes graces : mais peu de jours après il fut obligé d'aller à Fontainebleau aſſiſter Monſieur le Prince mourant. Ce grand Prince, auſſi bon Courtiſan, qu'habile Général, étoit parti de Chantilli, quoique malade, à la premiere nouvelle de la maladie de ſa Belle-fille la Ducheſſe de Bourbon, il l'avoit gardée dans la petite Verolle, & mépriſant le mauvais air, il ne l'avoit point quittée pendant tout ſon mal ; il avoit même, malgré ſa foibleſſe, empêché le

Roi d'entrer dans la Chambre de la Malade, & lui avoit dit ſur le pas de la porte des choſes ſi fortes & ſi touchantes, que le Roi s'étoit retiré, & étoit parti pour Verſailles; la Princeſſe avoit été à la derniere extremité, juſques-là, que Madame de Monteſpan la croyoit morte, & s'en étoit allé à Paris; ſa jeuneſſe l'avoit ſauvée, mais Monſieur le Prince, qui, à ſon âge, infirme comme il étoit, n'étoit plus en état de ſoûtenir une pareille fatigue, y ſuccomba; il ſe vit mourir pendant cinq ou ſix jours, & donna ordre à toutes ſes affaires domeſtiques, avec une préſence d'eſprit admirable. Il avoit mis ſa conſcience en repos depuis quelques années, & pour tout dire en un mot, il mourut en Héros Chrétien; mais avant que de mourir, il écrivit au Roi une lettre fort belle, où proteſtant de ſa fidelité & de ſon attachement ſincere à la Perſonne de Sa Majeſté, dans les premieres années de ſa vie & dans les dernieres, il avouë que les années du milieu n'ont pas été de même, & qu'il a eu beſoin de toute la clemence du meilleur des Rois. Il finit par remercier le Roi du retour de M. le Prince de Conty, & proteſte qu'il meurt content après avoir eu cette consolation. M. le Duc apporta la lettre au Roi, qui dès la veille avoit mandé à M. le Prince, que pour l'amour de lui, il pardonnoit sincerement au Prince de Conty. Le Roi regla aussi-tôt que M. le Duc s'appelleroit à l'avenir Monsieur le Prince; mais qu'il n'auroit pas les Privileges de Premier Prince du Sang, parce que c'est M. le Duc de Chartre qui les a presentement. Feu M. le Prince avoit eu ces Privileges assez long-temps, avant que Monsieur eût des Enfans, & ils ne se perdent point quand une fois on les a. M. le Duc de Bourbon conserva son Nom, & s'appella simplement Monsieur le Duc. On rendit au corps de M. le Prince les mêmes honneurs qu'on avoit rendus en mille six cens quarante-six à Monsieur son Pere. M. le Prince de Conty, au nom du Roi, lui donna l'eau benite; il étoit accompagné du Duc de Chaulnes, & encore par les Gardes du Corps. On fit ensuite un Service magnifique dans Nostre-Dame, où les Compagnies superieures assisterent; mais ce fut aux dépens de M. le Prince, le Roi ne faisant la dépense des Services que pour les Généraux morts à la tête de ſes Armées. M. le Prince avoit nommé M. de la Tremouille & de Vantadour, pour l'accompagner au deüil ; & M. de Vantadour étant malade, il avoit nommé en ſa place M. le Duc de Duras. On l'envoya chercher à Paris ; mais il ne s'y trouva point, & ſa femme dit franchement qu'il ne s'y trouveroit pas. Ce mépris mit M. le Prince dans une furieuſe colere ; il ne devoit pas s'en étonner. Un bon Courtiſan, qui veut faire ſon chemin, ne doit point paroître attaché à Meſſieurs les Princes. Ma mere me diſoit toûjours : mon fils, il n'y a rien de tel que le gros de l'arbre.

Je crois qu'il ſeroit à propos, en finiſſant cette année mille ſix cent quatre-vingt-ſix, d'expoſer en peu de paroles l'état préſent de l'Europe. L'Empereur a pouſſé les Turcs pendant toute la campagne. M. de Lorraine, & M. l'Electeur de Baviere & ſes Généraux ont pris Bude d'aſſaut ; & ſelon les apparences, il ſera bientôt Roi de Hongrie. Le Grand Seigneur a dépoſé le Mufty, qui avoit ſigné l'Ordonnance pour commencer la guerre ; il a auſſi fait noyer neuf cens de ſes Levriers au ſortir d'un Sermon où le Prédicateur lui avoit reproché en face, qu'au lieu d'aller défendre Bude, il s'amuſoit à aller tous les jours à la Chaſſe. Le Roi de Pologne n'a pas réuſſi dans ſon grand deſſein ; il a traverſé la Moldavie & la Valachie, & a marché juſqu'à quarante lieuës d'Andrinople; mais il n'a pû aller juſqu'à Belgrade ; les Princes de Moldavie & de Valachie lui ont manqué de parole, & ſe ſont joints aux Turcs & aux Tartares. Les Moſcovites n'ont fait aucun acte d'hoſtilité, ſous prétexte que la Ligue n'avoit pas été ratifiée par la Diette de Pologne; les Coſaques, ſujets des Moſcovites, n'ont oſé ſe déclarer. Voyant d'ailleurs la ſaiſon fort avancée, la ſéchereſſe extraordinaire qui avoit fait tari toutes les Fontaines, les Fourages brûlez par-tout par les Tartares, une Armée ennemie deux fois plus forte que la ſienne, il a repris la route de ſon Païs, & a remis ſon entrepriſe à une autre année. Le Pape avoit donné huit cens mille francs qui ont été perdus.

Les Venitiens ont été plus heureux dans la Morée, où ils ont pris pluſieurs Places, entr'autres Napoli de Romanie. Le Prince de Turenne, Fils aîné du Duc de Boüillon, s'y eſt fort diſtingué,

autant

autant par capacité que par bravoure ; sa disgrace lui a beaucoup servi, en lui donnant le moyen de se corriger de ses défauts, & de faire valoir ses bonnes qualitez.

Il semble que le Roi d'Angleterre prenne le dessus ; il a abaissé le Parlement d'Ecosse, parce qu'il n'a pas voulu accorder aux Catholiques la liberté de conscience : il n'a pas laissé de faire ouvrir une Chapelle publique dans le Château d'Edimbourg ; mais ce qui est plus important, il a établi à Londres une Chambre Ecclesiastique, composée de l'Archevêque de Cantorbery, du Chancelier, du Comte de Sunderland, Président du Conseil Privé, de l'Evêque de Rocheste, & de Herbert, Chef de Justice du Banc du Roi ; il leur donne, par ses Lettres Patentes, une entiere authorité sur tous les Ecclesiastiques du Royaume de quelque Dignité qu'ils soient, qui auront fait quelques fautes, avec pouvoir de les interdire, de les priver de leurs Bénéfices, & même de les excommunier.

Ils ont commencé par suspendre de ses Fonctions l'Evêque de Londres, dont le Roi n'étoit pas content ; ils ont fait le procès à un Ministre nommé Jonsonh, pour avoir tenu des discours séditieux ; il a été dégradé, dépoüillé de ses habits Ecclesiastiques, fustigé, & mis au Pilori : le peuple murmure ; mais il souffre. Le Roi d'Angleterre a sur pied trente mille hommes qu'il paye tous les mois.

Monsieur de Louvois mourut en ce temps-là d'une maniere assez brusque ; sa famille fut persuadée qu'on l'avoit empoisonné, je n'en crois rien, ces manieres ne sont point du Roi qui commençoit depuis plusieurs années à songer à son Salut : il est vrai qu'il étoit fort mal content de son Ministre, sa patience avoit été poussée à bout en vingt occasions. M. de Pontchartrain dans le désespoir de trouver de l'argent, avoit proposé d'ôter à M. de Louvois les Postes étrangeres qui lui valoient deux milions de rente. L'Arrêt étoit donné & signé, on devoit le vérifier à la Cour des Aydes le lendemain, lorsqu'à minuit, le Roi étant prêt de se mettre au lit, M. de Louvois vint tout effaré dire à Sa Majesté, qu'il étoit perdu, s'il lui ôtoit les Postes dans la conjoncture présente ; que cela lui ôteroit tout son crédit,

(On ne ſçait pas qui l'avoit averti.) Le Roi qui alloit faire le Siége de Mons ne vouloit pas, ou n'oſa fâcher le Miniſtre de la guerre, qui faiſoit tout mouvoir ; il écrivit un billet à M. de Pontchartrain qui portoit un ordre exprès de ſupprimer l'Arrêt : mais il ſentit vivement l'inſolence du Miniſtre qui ſe ſervoit de l'occaſion. Cela n'étoit rien au prix de deux Traitez apoſtillez de la main de M. de Louvois, que Madame de Maintenon remit entre les mains du Roi ; par l'un il faſoit le projet de maltraiter M. de Savoye par tant de manieres, qu'il ſeroit enfin obligé de ſe déclarer contre la France, ce qui rendoit la Paix plus difficile ; & par l'autre, il vouloit forcer les Suiſſes à faire la même choſe, en manquant à toutes les Capitulations faites avec eux. Madame de Maintenon avoit eu ces deux Traitez par d'Augicourt, Gentil-homme de M. de Louvois qui trahiſſoit ſon Maitre. On ſera bien aiſe de voir ici la premiere cauſe de leur haine, qui ne s'eſt point démentie juſqu'à la mort.

Le Roi après la mort de Madame de Fontange, qui a été la derniere de ſes Maitreſſes, réſolut tout de bon de ſonger à son salut. La Reine mourut, il ne vouloit point se remarier par tendresse pour son peuple, il se voyoit trois petits Fils & jugeoit prudemment que des Princes d'un second lit, pourroient dans la suite des tems, causer des Guerres Civiles; d'autre côté, il ne pouvoit se passer de femmes. Madame de Maintenon, qui avoit eu soin de l'éducation de M. le Duc du Maine, lui plaisoit fort, son esprit doux, & insinuant lui promettoit une conversation agréable & capable de le délasser des soins de la Royauté ; sa personne étoit encore aimable, ses yeux étoient vifs & perçans, & son âge la mettoit hors d'état d'avoir des enfans. Il s'étoit accoûtumé à elle, car dans le commencement il ne pouvoit pas la souffrir, il ne consentit à la mettre auprès de M. le Duc du Maine qu'à la priere & aux importunitez de Madame de Montespan qui connoissoit son esprit, & toute sa capacité. Elle y avoit été six ans, sans que le Roi l'eût veuë quatre fois ; & quand on amenoit l'enfant au Roi, elle avoit la prudenee de se retirer. La perséverance vient à bout de tout, & à tant de répugnance succéda une passion violente : il résolut de l'épouser secrettement, bien déterminé à ne jamais déclarer ce mariage. Il en fit un jour la confidence à M. de Louvois, comme d'une chose qui n'étoit pas encore résoluë, & lui en demanda son avis. Louvois n'en avoit jamais eu la moindre idée. Ah! Sire, s'écria-t-il, Votre Majesté songe-t-Elle bien à ce qu'elle me dit? Le plus grand Roi du monde, couvert de gloire, épouser la veuve Scaron: voulez-vous vous deshonorer? Il se jetta aussitôt aux pieds du Roy fondant en larmes: Pardonnez-moi, Sire, lui dit-il, la liber- que je prends: ôtez-moi toutes mes Charges; mettez-moi dans une prison, je ne verrai point une pareille indignité. Le Roi lui disoit: levez-vous: Etes-vous fou? Il se leva, & sortit du Cabinet sans sçavoir si ses remontrances avoient operé; mais le lendemain il crut voir à l'air embarassé & cérémonieux de Madame de Maintenon, que le Roi avoit eu la foiblesse de lui conter tout; & depuis ce moment il s'aperçut qu'elle étoit devenue sa plus mortelle ennemie. Il est certain que le mariage secret se fit quelque temps après; M. de Louvois n'y fut point appellé. M. de Harlay Archevêque de Paris, & le Pere de la Chaise, en furent les Ministres ; Bontems & le Chevalier de Fourbin servirent de Témoins. Il m'arriva trois ans après une petite bagatelle qui ne laissa pas d'être un indice : j'avois présenté un Livre au Roi, je priai Bontems, qui étoit de mes bons amis, d'en presenter un de ma part à Madame de Maintenon ; elle étoit alors malade & ne voyoit personne ; il s'acquitta de la commission, & quinze jours après en me contant ce qu'il avoit dit à la Dame, il se servit de ces termes : Je suis assuré que Sa Ma.... il s'arrêta tout court en sentant l'indiscretion, fit un bond, changea de discours. Je ne fis pas semblant d'avoir oüi dire les mots Sacramentaux, & ne lui en ai jamais parlé.

Mais pour revenir à M. de Louvois, quinze jours avant que de mourir, il sentit la foudre prête à tomber & le dit à un de ses amis, qui me l'a dit ; je ne sçai, lui dit-il, s'il se contentera de m'ôter mes Charges, ou s'il me mettra dans une prison, tout m'est assez indifferent, quand je ne serai plus le maître. Son ami, qui est M. le Premier, tâcha de le rassurer, en le faisant souvenir que depuis dix ans il lui avoit dit vingt fois la même chose ; tout est changé, dit M.

de Louvois, nous avons eu cent fois des diſputes fort aigres, je ſortois de ſon Cabinet & le laiſſois fort en colere, & le lendemain quand il falloit travailler il reprenoit ſon air gratieux. Or depuis quinze jours il a toûjours le front ridé, il a pris ſon parti contre moi, il n'eſt plus queſtion que des expédients ; la mort finit tout, & le Roi, avec une bonne foi ſans exemple ne cacha point la joye qu'il en eut. Il ſoupoit à Marly avec les Dames ; le Comte de Marſan, étoit derriere Madame & parloit des grandes choſes que le Roi avoit faites au ſiége de Mons : il eſt vrai, dit le Roi, que cette année-là me fut heureuſe, je fus défait de trois hommes que je ne pouvois plus ſouffrir, M. de Louvois, Seignelay & la Feüillade. Madame qui eſt vive, lui dit : he mais, Monſieur, que ne nous en défaiſiez-vous ? Sa Majeſté baiſſa les yeux & regarda ſon aſſiette, & M. de Marſan dit que ſouvent les Rois ſouffroient des gens qui rendoient ſervice à l'Etat : on parla d'autre choſe. J'ai veu depuis des Miniſtres bien mortifiez de ce diſcours, ne ſçachant au vrai s'ils étoient dignes d'amour ou de haine.

M. de Louvois montra un jour la préſence d'eſprit d'un bon Courtiſan. Le Roi avoit fait avec lui la Liſte de ceux qu'il vouloit honorer du Bâton de Maréchal de France, il alla enſuite chez Madame de Monteſpan qui en foüillant dans ſes poches y prit cette Liſte; & n'y voyant pas M. de Vivonne ſon frere, ſe mit dans une colere digne d'elle. Le Roi qui ne pouvoit pas lui reſiſter en face, lui dit qu'il falloit que M. de Louvois eût oublié de l'y mettre. Envoyez-le querir tout à l'heure, lui dit-elle d'un ton impérieux, & le gronda comme il faut. On envoya chercher M. de Louvois; & le Roi lui ayant dit fort doucement, que ſans doute il avoit oublié Vivonne, ce Miniſtre ſe chargea du pacquet & avoüa ſa faute. On mit Vivonne ſur la Liſte; la Dame fut appaiſée, & ſe contenta de reprocher à Louvois ſa négligence dans une affaire qui la touchoit de ſi près.

Madame de Maintenon n'a pas été ſi preſſante; ce qui me fait ſouvenir d'un trait de M. d'Aubigny; il joüoit à la Baſſette, & mettoit ſur les cartes des monceaux d'or ſans compter. Le Maréchal de Vivonne entra dans le lieu où l'on joüoit; & voyant remuer tant d'argent, il vit qu'il ſortoit de la poche de M.

d'Aubigny:

d'Aubigny : Je me doutois bien , dit-il , qu'il n'y avoit que lui qui pouvoit joüer si gros Jeu. D'Aubigny l'entendit, & repliqua brusquement : C'est que j'ai eu mon Bâton en argent.

Le Maréchal de Tessé a été fait Maréchal de France à peu près de la même maniere que M. de Vivonne. Le Roi travailloit chez Madame de Maintenon avec M. de Chamillard , & faisoit la Liste des Maréchaux de France qu'il devoit déclarer le lendemain. Madame la Duchesse de Bourgogne regardoit pardessus l'épaule , & vit que Tessé n'en étoit point : elle sautoit & dansoit , rioit à son ordinaire , elle se mit tout d'un coup à pleurer , le Roi en voulut sçavoir la raison : ah ! Monsieur , lui dit-elle , vous deshonorez celui à qui je dois l'honneur d'être à vous , celui qui m'a fait tout ce que je suis.

Le Roi parut fâché que son secret fût découvert , & de colere déchira la Liste. Les Maréchaux ne furent faits qu'un an après : au lieu de quatre il y en eut dix , afin de donner place à Tessé.

Le Roi est sujet à changer d'avis & de goût. Dans le tems qu'il aimoit passionnément Mademoiselle de la Valliere , il se moquoit avec elle des minauderies que lui faisoit Madame de Montespan. Elle voudroit bien que je l'aimasse, disoit-il en riant, cela étoit vrai ; elle l'assiégeoit dans les formes, & fit enfin si-bien que quand il revenoit de la chasse, il venoit se débotter, s'habiller, se poudrer chez Madame la Valliere, il lui disoit à peine bon jour, & passoit dans l'appartement de Madame de Montespan, où il demeuroit toute la soirée.

Mademoiselle Fontange, belle comme un Ange, & sotte comme un panier, l'ensorcela de même, & le traitta encore avec plus d'autorité que les autres.

Fin du sixième Livre.

MEMOIRES POUR SERVIR A L'HISTOIRE DE LOUIS XIV.

LIVRE SEPTIE'ME.

DANIEL DE COSNAC, Evêque de Valence, & depuis Archevêque d'Aix, étoit Cadet d'une bonne Maison de Limosin ; né sans biens, peu d'éducation de la part de sa Famille, & de bonne heure sorti de la maison Paternelle, pour chercher ailleurs par industrie ce que sa Famille ne pouvoit lui fournir. Peut être le nomma-t-on M. l'Abbé, parce que l'uniformité des habits noirs & du petit Colet occasionnoit moins de dépense. Ce Titre lui donna un extrême desir de le devenir, & l'on ne sçauroit assez dire avec combien d'esprit & d'adresse il se fit une entrée familiere chez M. le Prince de Conti, dans un âge où les jeunes gens assez mal faits sont à peine soufferts chez les Princes du rang de M. le Prince de Conti, qui pour lors étoit destiné à l'Etat Ecclesiastique. Chacun sçait comme quoi ce Prince s'abandonna à la passion éperduë qu'il eut pour Madame de Longueville, sa Sœur, qui le mit dans le Parti du Prince de Condé ; de sorte que l'Abbé de Cosnac trouva si-bien les expediens d'acquerir la familiarité, & depuis la confiance du Prince de Conti, que devenu nécessaire au maintien de l'union du Prince de Condé, du Prince de Conti, & de Madame de Longueville, il s'attacha si fort à leurs interêts, que M. le Prince de Conti le prit auprès de lui comme un jeune Abbé de Condition qu'il aimoit, & qui s'attachoit à sa personne & à sa fortune. Cet Abbé, sous une figure assez basse, avoit tout l'esprit, toute la hauteur, & toute l'industrie d'un garçon qui veut faire valoir les qualitez qu'il n'a pas, aux dépens de celles qu'il a. Il étoit trop mal fait pour se faire une intrigue d'amour, dans une Cour où cette passion regnoit fort. Il se jetta donc tout-à-fait du côté des affaires ; & dans un âge où la conduite des négociations importantes est pour l'ordinaire incompatible avec la grande jeunesse, il se rendit si nécessaire, que ce fut lui qui fit à vingt-deux ans la paix de Bordeaux. Il en dressa les articles, dont j'ai vû la minutte écrite de sa main, & signée des Princes & du Duc de Candale, qui signa pour le Roi. Cette paix desirée de la Cour, & nécessaire à l'Etat, lui fit un grand honneur, non-seulement dans le Parti des Princes, mais elle le fit connoître particulierement du Cardinal Mazarin, avec lequel il eut differentes conversations, & auprès duquel il fit plusieurs voyages pour la conclusion de l'importante affaire qu'il finit. Le Prince de Conti avoit une sorte d'esprit indécis, voulant & ne voulant pas, changeant d'avis à chaque moment, alternativement dévot & voluptueux, d'une santé mediocre, d'une taille très-contrefaite, dont le vrai penchant eût été du côté de Dieu, si la legereté ne l'eût point souvent & dans un même jour fait passer d'une extrémité à l'autre. L'amour ni l'union ne logent pas toûjours ni long-temps dans les mêmes cœurs. Le Prince de Conti crût avoir des raisons effectives d'être jaloux de Madame de Longueville. M. de la Rochefoucault avoit trop d'esprit pour être attaché à elle infructueusement autant qu'il le paroissoit. Un voyage qu'elle fit auprès du Prince de Condé, fut peut-être regardé du Prince de Conti comme un prétexte de le quitter qui lui déplut : ainsi, sans se détacher tout-à-fait de la passion qu'il avoit pour sa Sœur, il chercha dans le commerce qu'il a eu avec Madame de **, & dans quelques autres galanteries de Montpellier, de quoi se consoler un peu de l'absence de Madame de Longueville.

Guilleragues & l'Abbé de Roquette étoient auprès de lui. Le premier étoit honnête homme, à cela près que né Gascon, il vouloit toûjours que l'on fît cas de sa naissance, dont il importunoit impitoyablement tous ceux qu'il trouvoit moyen d'en informer. L'Abbé de Roquette, depuis Evêque d'Autun, avoit tous les caracteres que l'Auteur du Tartuffe a si parfaitement représentez ſur le modele d'un homme faux. Un ſoir que le Prince de Conti s'étoit maſqué, malgré l'Abbé de Coſnac, qui lui avoit repréſenté que ſa ſanté ne lui permettoit pas de veiller ; & qui voyant que cette premiere raiſon n'avoit rien gagné, s'étoit enhardi à lui dire, que de la taille dont il étoit, il étoit impoſſible qu'il ſe maſquât ſans être connu ; un jour, dis-je, que ce Prince s'étoit maſqué, l'Abbé de Roquette entra dans ſa chambre comme il étoit prêt d'en ſortir avec ceux qu'il avoit mis de la partie ; & l'Abbé de Roquette, s'adreſſant au Prince de Conti, comme s'il eût cru parler à M. de Vardes : Monſieur, lui dit-il, montrez-moi Son Alteſſe ? & puis ſe retirant du côté de l'Abbé de Coſnac, Monſieur, continua-t-il, dites-moi lequel de ces maſques eſt Monſeigneur ? enfin ce faux Courtiſan fit tant de pantalonades, & affecta tant de fauſſes ſoupleſſes de fade Courtiſan, pour faire voir au Prince de Conti qu'il étoit bien maſqué, que l'Abbé de Coſnac impatient lui dit aſſez haut pour que M. le Prince de Conti l'entendît : Allez, M. de Roquette, vous devriez mourir de honte, & quand Son Alteſſe fait une maſcarade pour ſe divertir , il sçait bien que la taille de M. de Vardes & la sienne sont differentes. Ce discours dit d'un ton ferme surprit le Prince de Conti, qui se démasqua ; & soit qu'il fit quelque impression sur son esprit, ou qu'il trouvât qu'il est effectivement ridicule qu'un homme très-bossu puisse être pris en masque pour un homme de belle taille, il sortit, & demie-heure après revint se coucher. Le discours de l'Abbé de Cosnac pensa diviser sa maison, & ce fut la source de la haine que M. d'Autun & lui ont depuis conservé l'un pour l'autre, & qui fit faire à Guilleragues, ami de l'Abbé de Cosnac, les Mémoires sur lesquels Moliere a fait depuis la Comedie du Faux Dévot.

La Cour du Prince de Conti n'étoit pas une mer assez vaste pour contenir les idées de l'Abbé de Cosnac ; & quoi qu'il fût Premier Gentil-homme de sa Chambre, & en quelque maniere son Favori, cet Abbé entretenoit un commerce avec le Cardinal Mazarin, dont il fit le fondement du mariage qui fut conclu quelques années aprés entre le Prince de Conti & la Niéce du Cardinal. Il esperoit pour fruit de ce mariage l'importante Abbaye de Cluni, dont le Prince de Conti, qui ne pouvoit plus la tenir en se mariant, lui offrit la démission; mais le Cardinal fit si-bien qu'il empêcha l'Abbé d'avoir ce grand Bénéfice, bien qu'il lui eût la principale obligation du mariage de sa Niéce avec un Prince du Sang.

Cette nouvelle augmentation d'éclats jointe à l'autorité presque souveraine que le Cardinal avoit en tout pendant la minorité du Roi, & qu'il conserva despotique jusqu'à sa mort, mit en tête à M. le Prince de Conti, que son Rang & la faveur de l'Oncle de sa Femme lui devoit déferer le Commandement de l'armée de Catalogne; & quoi qu'il n'eût jamais servi, les Enfans des Rois, comme ceux des Dieux, naissent instruits de tout. Ce Commandement lui fut donné.

La fureur des François sur la réputation de se battre en duel avoit passé depuis le Regne de François Premier, au point que par une frénésie dont la rage n'a pû s'éteindre que sous le Regne de LOUIS LE GRAND, personne n'osoit porter une épée sans avoir donné des preuves de la sçavoir garder. Il ne suffisoit pas qu'un homme fût brave à la guerre, l'on vouloit qu'il eût fait quelque combat particulier & éclatant. Le Prince de Conti né vaillant, comme le sont tous les Bourbons, se mit en tête que son rang & son âge, qu'il avoit jusqu'alors passé dans l'Etat Ecclesiastique, ne le devoit pas dispenser de l'obligation où il croyoit être de s'acquerir de l'estime, & de travailler à sa réputation. L'état militaire dans lequel il entroit, le sollicitoit de se mesurer avec quelqu'un digne de lui, avant que de paroître à la tête des armées; & par une fantaisie, qui n'a peut-être jamais eu d'exemple, ce Prince, qui n'avoit aucun ennemi, qui n'avoit offensé personne, & que personne n'avoit offensé, se mit en tête de faire un combat; & agité du desir de se battre en duel, sans sçavoir contre qui, partit en litiere de Montpellier, pour se rendre à la Cour, incertain de son adversaire, inquiet d'en trouver un digne de lui, & tellement résolu de s'acquerir de l'estime par un duel, qu'un soir couchant à Bagnols, où il séjourna pour quelque indisposition, il ne pût s'empêcher de faire confidence à l'Abbé de Cosnac de cette étrange vision, dont il étoit tourmenté; & lui avoüa qu'il avoit jetté les yeux sur le Duc d'YORCK, depuis Roi d'Angleterre, auquel en arrivant à la Cour il vouloit faire une querelle, uniquement parce qu'il étoit Prince comme lui, & qu'il avoit la réputation d'être brave. Cette chimere s'augmenta peut-être par l'ennui du voyage de la litiere. L'esprit d'un homme, naturellement bercé de ses humeurs, l'est encore par le triste branlement de cette voiture ; & tout cela fit, comme vous allez voir, le commencement de la fortune de Villars.

Villars venoit de perdre le Duc de Nemours, auprès duquel il étoit en qualité de Gentil-homme. Il l'avoit servi dans le fameux duel qu'il fit contre le Duc de Beaufort qui le tua : Villars s'étoit acquis beaucoup d'estime dans ce combat ; & comme en perdant son Maître, il perdoit le principal espoir de sa fortune, il se retira avec sa femme auprès de l'Archevêque de Vienne, son Frere. Il étoit à Vienne quand le Prince de Conti y passà, & eut l'honneur de lui faire la révérence. La bonne mine de Villars, la présence d'un vaillant homme, qui venoit récemment de faire un combat éclatant, l'idée de se servir du même homme dans la querelle qu'il avoit déterminé de faire au Duc d'Yorck, tout cela ſéduiſit le Prince de Conti. Les Princes veulent plus ardemment que les autres hommes ce qu'ils deſirent, parce qu'ils ſont moins contrariez. Dès le ſoir, quand il fut couché, il ordonna à l'Abbé de Coſnac de reſter auprès de lui, & dès qu'ils furent ſeuls, M. l'Abbé, lui dit le Prince de Conti, j'ai trouvé l'homme qu'il me faut pour me ſervir dans le deſſein dont je vous ai parlé. Je veux attacher Villars à mon ſervice, dites-lui qu'il me ſuive, & que je lui donnerai les moyens de ſe conſoler de la perte qu'il a faite du Duc de Nemours. L'Abbé de Coſnac obéit, Villars ſe rendit quelques jours après chez le Prince de Conti à Paris ; & ce Prince étoit tellement preſſé de l'idée de Villars, qu'il regardoit comme celui qui le ſerviroit dans l'iſſuë du grand deſſein qu'il avoit projetté, que dès Montargis, il propoſa à l'Abbé de Coſnac d'accommoder Villars de la Charge de premier Gentil-homme de ſa Chambre. L'Abbé de Coſnac fit ſi-bien qu'il refuſa de quitter ſa Charge. Le Duc d'Yorck, qui ſervoit ſur la Frontiere, & qui ne revint pas ſi-tôt à la

Cour, n'a jamais eu connoissance de ce dessein bizarre, qui s'effaça peu à peu.

Dans ce temps-là l'Evêché de Valence vacqua. L'Abbé de Cosnac avoit fait quelques Sermons en présence de la Reine, & y avoit réüssi; il étoit de son jeu, & de celui du Cardinal, il pria le Prince de Conti de demander cet Evêché.

L'Abbé de Roquette n'osoit paroître son ennemi, mais il avoit soulevé contre lui la Cabale de M. de Vardes, de M. de Villars, & des principaux domestiques de sa Maison, de sorte qu'à la premiere proposition que l'Abbé de Cosnac fit à M. le Prince de Conti de demander cet Evêché pour lui, le Prince de Conti lui parut fort peu empressé: Quoi, Monseigneur, lui dit l'Abbé de Cosnac, à moi de vos secrets le dépositaire, vous répondez froidement? Ha! Monseigneur, continua-t'il, prenez garde que l'on ne découvre que vous m'avez incertainement répondu, dans une occasion où il s'agit de l'établissement du principal domestique de vôtre Maison; & sans lui donner le loisir de repliquer, il sortit, & passa dans l'appartement de Madame la Princesse de Conti, qui n'étoit pas éveillée.

Qu'on l'éveille, dit l'Abbé, il s'agit de son honneur, & je veux lui parler. Il fit tant de bruit que ses femmes ouvrirent. Cette Princesse aimable s'éveilla : Levez-vous, dit l'Abbé, il s'agit de sauver l'honneur de Monsieur le Prince de Conti, le vôtre & celui de sa Maison. L'Evêché de Valence est vacquant, je viens de prier S. A. de le demander pour moi, mais levez-vous, MADAME, les momens sont chers, M. votre Oncle ne vous refusera pas s'il sçait que vous sçavez vous faire éveiller, vous lever en Robe de chambre, & ne pas hésiter à servir noblement vos créatures. Mais, Monsieur, lui dit Madame la Princesse de Conti, donnez-moi le loisir de parler à mon Mari. Je m'en garderai bien, lui dit l'Abbé, il s'agit de vous lever & de passer chez Monsieur le Cardinal. Il la pressa tant, que sans lui vouloir donner le tems de parler à M. le Prince de Conti, cette Princesse prit uniquement sa Robe de chambre, & s'en alla demander l'Evêché au Cardinal.

Le Mazarin n'étoit pas un homme qui donnât aisément ; cependant cette Princesse obtint de son Oncle, qu'il nommeroit l'Abbé à un Evêché qui vacquoit, de moindre valeur que Valence ; cette Princesse toute gracieuse revint à son appartement, l'Abbé l'y attendoit : Nous avons à peu près votre affaire, lui dit-elle, mais ce n'est pas de Valence dont il est question ; & tout de suite elle lui conta ce que le Cardinal lui avoit promis. Comment, Madame, lui repliqua-t-il, vous revenez contente & n'avez rien obtenu ? Ce n'est plus mon affaire, c'est la vôtre ; je vous déclare que c'est l'Evêché de Valence dont il est question, & dès que votre Altesse sera habillée, elle retournera achever ce qu'elle a commencé. En effet, quelques jours après, l'Abbé de Cosnac prêcha devant la Reine, toute la Cour y étoit ; & comme il descendoit de la chaire, le Cardinal s'avança, & lui dit : Monsieur, vous nommer Evêque de Valence au sortir d'un aussi beau Sermon que celui que vous venez de faire, cela s'appelle recevoir le Bâton de Maréchal de France sur la bréche ; remerciez le Roy de cet important Bénéfice. Il n'eût pas sitôt fait ses remercimens, qu'il alla chez M. de Paris, à qui il demanda la Prêtrise, que ce Prélat lui promit sans peine.

Ce n'est pas là tout, lui repliqua M.

de Valence, c'eſt que je vous ſupplie de me faire Diàcre; volontiers, lui dit M. de Paris : vous n'en ſerez pas quitte pour ces deux graces, Monſeigneur, interrompit M. de Valence, car outre la Prêtriſe & le Diaconat, je vous demande encore le Sous-Diaconat : Au nom de Dieu, reprit bruſquement M. de Paris, dépêchez-vous de m'aſſurer que vous êtes tonſuré, de peur que vous ne remontiez dans cette diſette des Sacremens juſqu'à la néceſſité du Baptême.

Cette grace de l'Evêché de Valence répanduë dans la maiſon de M. le Prince de Conti excita bien des envieux. Vardes & Villars ne perdoient aucune occaſion pour lui nuire, mais à vrai dire, l'Evêque de Valence avoit plus d'eſprit qu'eux tous. Un ſoir que M. le Prince de Conti étoit au Cours, & n'avoit avec lui dans ſon Caroſſe que l'Evêque de Valence; le Comte du Ludes, & Vardes paſſerent au galop venant de courre un Cerf. M. le Prince de Conti fit appeller ce dernier, auquel il dit de venir le ſoir chez l'Abbé de la Riviere qui lui donnoit à ſouper. Vardes s'en excuſa ſur la fatigue de

la

la chasse qu'il avoit faite , & demanda à M. le Prince de Conti la permission de se retirer , l'assurant qu'il alloit descendre chez un Baigneur pour ne voir personne. Quand l'heure du souper fut arrivée , le Prince de Conti passa chez l'Abbé de la Riviere ; & après lui avoir dit qu'il se trouvoit mal,& que Madame la Princesse de Conti s'étoit fait saigner ce jour-là , il se retira , sans souper , à l'Hôtel de Conti. La premiere chose que ce Prince , suivi de l'Evêque de Valence , trouva en entrant dans la chambre de la Princesse de Conti , laquelle étoit effectivement au lit , entourée de ses femmes , ce fut Vardes paré comme un homme qui veut plaire , vêtu magnifiquement , & la tête qu'il avoit belle , bouclée & poudrée avec plus de soin qu'il ne convient , quand deux heures auparavant l'on étoit fatigué d'avoir couru le Cerf. Le Prince de Conti le regarda & ne dit mot , congedia sa Cour & se retira. Quelques jours après ce Prince alla passer une semaine à Chilli pour prendre l'air dans cette belle maison du Marquis d'Effiat. L'Evêque de Valence étoit bien résolu de noyer M. de Vardes s'il en trouvoit l'occasion, & M. de Vardes s'étoit souvent déclaré, qu'il ne perdroit pas celle de lui marquer qu'il n'étoit point de ses amis. Madame la Princesse de Conti étoit restée à Paris. M. le Prince de Conti n'étoit pas capable d'avoir long-temps quelque chose sur le cœur, sans que ceux qui avoient l'honneur de l'approcher s'en apperçussent; & l'Evêque de Valence l'avoit si parfaitement étudié, qu'il le connoissoit à merveille. Un jour que ce Prince se promenoit le long du canal de Chilli, après avoir long-temps rêvé, voyant qu'il étoit seul avec l'Evêque de Valence: M. de Valence, lui dit M. le Prince de Conti, parlez-moi comme vous faisiez du temps que vous étiez l'Abbé de Cosnac, que vous semble de Vardes? Que c'est l'homme de France le mieux fait & le plus aimable, reprit M. de Valence; mais à quel propos Votre Altesse me fait-elle cette question? Pour rien, reprit le Prince de Conti; mais je ne vous cacherai pas que l'affectation de se parer, comme il fit dernierement chez la Princesse de Conti, après m'avoir assuré qu'il alloit se retirer, m'a frapé. Je connois l'innocence & la vertu de ma

Femme ; mais croyez-vous que Vardes fût assez insolent pour oser jetter les yeux tendrement sur elle ? C'étoit une belle occasion à l'Evêque de Valence de nuire à M. de Vardes ; mais il ne crut pas que la matiére fût encore assez preparée. Il parla cette fois de Vardes comme d'un homme trop sage pour s'élever à une telle pensée ; il l'excusa même sur les soupçons dont le Prince de Conti venoit de lui faire confidence, & demeura ferme à l'assurer qu'il n'avoit jamais rien connu dans M. de Vardes qui lui laissât la moindre idée qu'il eût jamais regardé que très-respectueusement Madame la Princesse de Conti. Trois jours après cette premiere conversation, le Prince de Conti se promenant dans son Carosse tête à tête avec M. de Valence, fit l'éloge de la Princesse sa Femme, à cela près, dit-il, qu'avec toute la vertu & toute la modestie desirable, elle a, comme toutes les autres femmes, la vanité de plaire ; & que sçais-je, ajoûta-t-il, si elle éviteroit celle d'être aimée ? Monseigneur, repliqua l'Evêque de Valence, chercher une femme qui ne souffre pas d'être aimée, c'est desirer un Cigne noir. Sur cela M. le Prince de Conti lui reparla de Vardes, & pour lors, après lui avoir laissé mitonner le poison dont il voyoit que ce Prince étoit attaqué, je n'ai rien vû, reprit l'Evêque de Valence, qui me puisse faire croire que M. de Vardes se fut oublié au point d'élever ses regards jusqu'à Madame la Princesse de Conti; mais V. A. me fait souvenir d'un rien que j'ai remarqué il y a quelques jours. Elle joüoit à la Prisme, & filoit sur un flux qu'elle desiroit, un As qui ne pouvoit être à la disposition du jeu, qu'un As de Cœur, ou un As de Carreau, c'étoit celui de Cœur qui étoit necessaire, Vardes qui voyoit son jeu lui dit assez haut, j'espere que ce sera un Cœur, & puis en s'approchant plus près de son oreille, comme pour mieux voir la Carte, il continua d'un ton plus que demi bas; j'en connois un, Madame, qui ne vous manquera jamais. Ce discours de l'Evêque de Valence fut un coup de Poignard qui fit son effet. Le Prince de Conti se trouva mal le soir; & dépuis ce moment sans en rien témoigner à Madame la Princesse de Conti, Vardes s'apperçût si bien qu'il étoit mal avec le Prince de Conti, que sans jamais en avoir sçû la raison, il ne songea plus à faire sa fortune par lui, & se retira tout-à-fait de l'attachement qu'il avoit pour le Prince de Conti.

Le Duc de Candale étoit ami de Vardes, & ne pouvoit souffrir l'Evêque de Valence. Villars le haïssoit, l'Abbé de Roquette, & toute la Cabale opposée à sa faveur essayoit de le perdre. L'Evêque de Valence s'en apperçût, il étoit du jeu de la Reine, & avoit conservé assez de familiarité avec le Cardinal, du jeu duquel il étoit aussi. M. le Prince de Conti avoit pour Intendant de sa Maison un nommé de Pile qui passoit pour honnête homme, & dont ce Prince, pour quelque mécontentement, voulut se défaire. L'Evêque de Valence entreprit de le soûtenir, & en parla au Prince de Conti, lequel étoit déterminé à se défaire dudit de Pile : Monseigneur, lui dit M. de Valence, si V. A. se défait de cet honnête homme-là, les honnêtes gens ne doivent plus esperer de salut chez vous. Ce discours déplût au Prince de Conti. L'Evêque de Valence répondit peut-être avec plus de fermeté qu'il ne convient de parler à son Maître : M. de Valence lui mit comme l'on dit, le marché à la main, & lui offrit de se retirer. Le Prince de Conti, blessé de ce discours, le prit au mot, & quelques jours après la division augmenta au point que l'Evêque de Valence exigea seulement de M. de Pile qu'ils prendroient congé pour sortir de la maison le même jour ; de sorte que de Pile ayant rendu ses comptes, & l'Evêque de Valence ayant la derniere fois fait ses fonctions de Premier Gentilhomme de la Chambre, dès qu'il eut donné la chemise à M. le Prince de Conti, au lever duquel il y avoit beaucoup de gens, cet Evêque prit la parole, demanda pardon à S. A. d'avoir peut-être eu le malheur de ne l'avoir pas aussi bien servi qu'il l'avoit toûjours desiré, le remercia des graces qu'il avoit reçûës, & pour finir son discours par une espece de turlupinade : Monseigneur, lui dit-il, en prenant M. de Pile par une main & en tenant sa Croix d'Evêque de l'autre ; cet homme a bien conduit vos Finances, il a le malheur comme moy de sortir de vôtre maison, aussi laissons-nous vôtre maison sans Croix ni Pile ? Cette liberté de langue ne plût pas à M. le Prince de Conti, qui ne laissa pas de sourire, & donna dans ce moment l'Emploi de

Premier Gentil-homme à Villars, qui n'a jamais sçû peut-être que la fantaisie d'un duël imaginaire, dont il n'a de sa vie entendu parler, avoit fait le fondement de sa fortune.

Le Roi commençoit à devenir grand, & MONSIEUR étoit la plus jolie creature de France ; on parloit de faire sa Maison. Le Cardinal vouloit faire argent de tout, il sçavoit que l'Evêque de Valence en avoit, il lui fit proposer de l'accommoder de la Charge de Premier Aumônier de Monsieur : cette Charge ne lui convenoit qu'en ce que c'étoit une certitude de n'aller guéres à son Diocése, & de demeurer à la Cour. La Reine lui fit cette proposition comme chose qu'elle souhaitoit ; & l'ayant fait appeller dans son cabinet au sortir de son jeu, elle lui dit obligeamment, qu'elle eût été ravie de l'attacher auprès de Monsieur. Votre Majesté me fait trop d'honneur, Madame, lui dit-il ; mais la Cour des Princes, qui ne sont pas Rois, est trop orageuse, j'en viens d'essuyer les bourasques chez M. le Prince de Conti ; & si Votre Majesté me laisse le maître de décider, je voudrois être au Roi, ou demeurer comme je suis. La Reine ne prit pas cette réponse comme un refus, elle le congedia, en l'exhortant d'y songer. Son parti de ne point entrer dans la Maison de Monsieur étoit pris, quand il survint entre le Roi & Monsieur son Frere, un petit démêlé d'enfans, qui se disputent quelque chose. Le Roi voulut prendre un poëslon de boüillie, Monsieur en tenoit le manche; & avant que les Gouverneurs eussent fait finir ce tiraillement, Monsieur fit mine d'en vouloir fraper le Roi. La Reine avertie, vint faire foüetter Monsieur; & l'éclat que cela fit, détermina l'Evêque de Valence à aller trouver le Cardinal: Monseigneur, lui dit-il, j'ai songé à ce que Votre Eminence m'a fait l'honneur de me faire proposer; je craignois que Monsieur ne fût qu'un joli Prince; mais je vois qu'il y a en lui de quoi faire un homme, & de tout mon cœur j'entrerai à son service. Ce marché fut conclu, & dès qu'on fit la Maison de Monsieur, l'Evêque de Valence fut nommé son Premier Aumônier.

Quoique la guerre fût vive pendant l'Été, la magnificence, le jeu, l'amour & les intrigues renaissoient l'Hyver. Le Duc de Candale avoit fait une campagne assez malheureuse en Catalogne,

&

& revenoit à la Cour. L'Evêque de Valence étoit dans son Diocése prêt à revenir pareillement. Le Duc de Candale & lui étoient mal ensemble dès le tems que Vardes se détacha de M. le Prince de Conti. Le chemin du Duc de Candale étoit de passer indispensablement à Valence, il envoya un Gentil-homme à l'avance faire un compliment à l'Evêque, & lui demander à souper: Volontiers, répondit l'Evêque, je vous supplie même de lui dire que j'espere qu'il viendra coucher céans, à la charge que nous ne parlerons pas du passé. Le Duc de Candale fut reçû de M. l'Evêque de Valence, comme si c'eût été le Roi qui l'eût honoré d'une visite. Les vrais Gascons deviennent plus grands à proportion qu'ils trouvent des gens plus gascons qu'eux. Le Duc de Candale étoit suivi de quantité d'Officiers de l'armée, & de beaucoup de Gentils-hommes de ses Gouvernemens de Guienne & d'Auvergne, qui le conduisoient jusqu'à Lion. Il fut charmé de la reception & de la bonne chere que l'on lui fit. Le soir, avant que de se retirer tout-à-fait, ils s'éclaircirent de plusieurs choses, & se coucherent tard. Cependant, comme le Duc de Candale déjeûnoit le lendemain pour partir, la vanité de se voir suivi de tant de noblesse, fit qu'un moment avant que de monter à cheval, il dit d'un ton assez haut, en embrassant M. de Valence : Au moins, Monsieur, permettez-moi devant tous ces Messieurs, de marquer publiquement que notre reconciliation est sincere. Je vous fais devant eux mille excuses des mauvais offices que je vous ai rendus auprès de M. le Prince de Conti, j'en suis repentant, & je vous prie de me les pardonner: Monsieur, reprit l'Evêque de Valence, d'un ton encore plus haut, ne vous repentez point, je vous en prie, car je vous promets publiquement devant tous ces Messieurs, que si vous m'avez rendu de mauvais offices auprès de M. le Prince de Conti, je vous les ai bien amplement rendus auprès de M. le Cardinal.

Quelques années après l'on commença de parler de la paix. Elle étoit nécessaire à l'Etat, la Reine la vouloit ; elle fut concluë, & l'on fit le voyage de S. Jean du Luz, où le mariage du Roi s'acheva. Le Cardinal, que l'Evêque de Valence réjoüissoit, l'avoit mis de son jeu pendant le voyage. Un jour que M. l'Evêque d'Orleans, l'Abbé le Camus, depuis Cardinal, quelques autres Aumôniers du Roi & l'Evêque de Valence, se promenoient avec liberté le long de la mer, quelqu'un d'eux mécontent du Cardinal en dit mille maux : l'Evêque de Valence ne l'épargna pas, & l'Abbé de Donzy en parut très-mécontent, chacun s'en plaignit; ces Messieurs s'échauffoient à en dire du mal, quand tout d'un coup l'Evêque de Valence cessa, prit son chapeau, ses gands & son manteau, que la liberté de la promenade lui avoit fait quitter, & leur dit: Messieurs, je vous donne le bon soir, je me retire, & vais conter à M. le Cardinal tout ce que j'en ai dit, & tout ce que vous en avez dit; car j'aime encore mieux, pour vous & pour moi, qu'il en soit informé par mes soins, que par ceux de l'Abbé de Donzy, qui ne manqueroit pas de lui en rendre compte.

Le Roy fut marié en 1660. & Monsieur le fut l'année d'après. Jamais la France n'a vû une Princesse plus aimable que Henriette d'Angleterre, que Monsieur épousa. Elle avoit les yeux noirs, vifs & pleins du feu contagieux que les hommes ne sçauroient fixément observer sans en ressentir l'effet; ses yeux paroissoient même atteints du desir de plaire à ceux qui les regardoient. Jamais Princesse ne fut si touchante ni n'eut autant qu'elle l'air de vouloir bien que l'on fût charmé du plaisir de la voir. Toute sa personne étoit ornée de charme;l'on s'interessoit à elle,& on l'aimoit sans penser que l'on pût faire autrement. Quand quelqu'un la regardoit, & qu'elle s'en appercevoit, il n'étoit plus possible de ne pas croire que ce fût à celui qui la voyoit, qu'elle vouloit uniquement plaire. Elle avoit tout l'esprit qu'il faut pour être charmante, & tout celui qu'il faut pour les affaires importantes, si les conjonctures de se faire valoir se fussent presentées, & qu'il eût été question pour lors à la Cour d'autre chose que de plaire. Le Roy étoit aimable, jeune, galand, magnifique ; le goût de Monsieur n'étoit pas tout-à-fait tourné du côté des femmes, parmi lesquelles rien ne paroissoit plus digne d'être aimée que Madame. Peut-être eût-elle voulu l'être du Roi, dont les regards, les soins, l'attention, le goût & la tendresse se tournerent entierement du côté de Mademoiselle de la Valliere. L'inclination avoit formé cette union , & deux personnes nées pour s'aimer véritablement ne se sont jamais aimées de meilleure foi , ni plus tendrement.

Le Chevalier de Lorraine, fait comme on peint les Anges , se donna à Monsieur , & devint bien-tôt favory , maître, disposant des graces; & plus absolu chez Monsieur , qu'il n'est permis de l'être quand on ne veut pas passer pour le Maître ou la Maîtresse de la maison. Madame parla avec horreur , & douleur de ce désordre , dont elle se plaignit d'abord à Madame de S.Chaumont, intime amie de l'Evêque de Valence, qui de son côté ne pouvoit souffrir le Chevalier de Lorraine. Ce Conseil résolut que Madame entretiendroit le Roi de ses malheurs. Je ne sçai si le Roi parla durement à Monsieur ; mais Monsieur bouda quelques jours , & sous des prétextes imaginaires de jalousie , dont Madame ne lui donnoit aucun sujet effectif , il feignit de vouloir aller passer quelques semaines à Villers-coterets , & y conduisit Madame. Il y étoit quand la mort du Prince de Conti arriva. Ce Prince laissoit par sa mort le Gouvernement de Languedoc. Monsieur voulut le demander ,

& crut que l'Evêque de Valence étoit plus capable qu'aucun homme de sa Maison de presser le Roi sur la demande qu'il lui ordonna de faire de sa part de ce Gouvernement pour lui ; desorte qu'il le chargea d'une lettre qu'il écrivoit au Roi son Frere, & il le fit partir de Villers-coterets pour se rendre à S. Germain, où la Cour étoit alors. L'Evêque de Valence demanda au Roi une Audiance de la part de Monsieur, qui lui fut accordée sur le champ. De quoi est-il question ? Monsieur, lui dit le Roi. Mon Frere boude-t-il encore sans sçavoir pourquoi, ou ne s'est-il éloigné de moi que pour être moins gêné ? J'ai ordre, Sire, répondit M. l'Evêque de Valence, de remettre à VOTRE MAJESTE' une lettre dont Monsieur m'a chargé, & de prendre au même temps la liberté de lui représenter, qu'ayant l'honneur d'être son Frere unique, il a lieu d'esperer que vous ne lui refuserez pas le Gouvernement de Languedoc. Le Gouvernement de Languedoc, s'écria le Roi ! Je croyois que tous les Gouvernemens particuliers des Provinces étoient au-dessous de mon Frere. En prenant la lettre, le Roi acheva de la lire ; après quoi regardant l'Evêque de Valence . est-ce là tout, Monsieur ? lui dit le Roi. Oserai-je, Sire , repliqua M. de Valence , prendre la liberté de représenter respectueusement à VOTRE MAJESTE' la juste douleur que Monsieur recevra , si VOTRE MAJESTÉ le refuse ; & puisque V. M. m'a fait l'honneur de me demander déja si Monsieur boude encore, il semble par là que V. M. croit qu'il en a quelque sujet , bien ou mal fondé. Il n'y a personne, Sire,qui puisse ni doive entrer dans le sacré détail de ce qui se passe entre vous deux ; mais enfin, Monsieur est vôtre Frere , il vous demande avec empressement le Gouvernement de Languedoc,& V. M. s'est apperçûë qu'il n'est pas contént. Monsieur , lui dit le Roi, je vous ferai donner la réponse que je vais faire à mon Frere dans demie heure ; dites-lui que les Princes du Sang ne sont jamais bien en France ailleurs qu'à la Cour ; & qu'à l'égard du Gouvernement de Languedoc , je le prie de se souvenir que nous sommes convenus lui & moi , qu'il n'auroit jamais de Gouvernement. En achevant ce mot , le Roi ouvrit lui-même la porte de son

Cabinet,& congedia M.de Valence, auquel il fit remettre demie heure après la réponse qu'il fit à Monsieur, qui de son coté, après avoir encore boudé quelques jours, revint à la Cour, où le Roi le combla d'amitiez, de présens & de manieres charmantes. Cependant Madame ne pouvoit pardonner à Madame de la Valliere, d'avoir sçû si parfaitement plaire au Roi. Je ne sçai si elle eût plûtôt pardonné à une autre Maîtresse, elle essaya de lui donner Madame de Monaco. Les hommes croyent toûjours que ce n'est pas une grande infidelité que de profiter des conjonctures que l'amour propre, le plaisir, ou la vanité peuvent offrir. Le Roi avoit agacé Madame de Monaco, & Madame de Monaco ne s'étoit pas éloignée de ce jargon, auquel elle eût bien voulu prêter l'oreille. M.de Lausun l'aimoit depuis long-tems; & quand on aime véritablement, l'on regarde de bien près. C'est un malheur aux gens élevez de ne pouvoir se passer de la confidence de leurs domestiques. Madame de Monaco crut qu'en avoüant à une de ses femmes de Chambre, qui couchoit dans son Antichambre, que le Roi la devoit venir trouver à deux heures après minuit, cette femme, sans laquelle le Roi ne pouvoit entrer commodément chez elle, la serviroit fidellement. Cette femme de Chambre lui promit le secret qu'elle lui tint en effet, à cela près qu'elle avertit M. de Lausun du rendez-vous, & que l'on étoit convenu qu'à deux heures le Roi trouveroit, en passant le long du Corridor de l'appartement de Madame de Monaco, la clef qu'elle auroit soin de laisser à la porte de cette Antichambre, où couchoit cette fille. M. de Lausun paya magnifiquement cet avis, & exigea seulement de cette fille que dès une heure après minuit la clef seroit à la porte ; de sorte que M. de Lausun, passant lui-même par ce Corridor, dès que tout le monde lui parut couché, ferma à double tour, prit la clef, & se retira. Le bruit que fit le mouvement des ressorts d'une serrure, allarma cette fille ; & Madame de Monaco, qui raisonnoit sur cet événement, quand le Roi vint à deux heures, comme il l'avoit promis : mais quel moyen y avoit-il d'entrer en éclaircissement à l'heure qu'il étoit, & au travers d'une porte ? il étoit impossible. Le Roi s'en retourna, & n'a sçû que long-temps après, quand M. de Lausun fut arrêté, par où ni comment cette porte s'étoit fermée, ayant trouvé dans une espece de Mémoire, que M. de Lausun tenoit dans une cassette, qu'il avoit donné trois mille Pistolles à cette fille de Madame de Monaco, qui lui rendoit compte des actions de sa Maîtresse. Je ne sçai si le Roi prit des rendez-vous plus certains ou plus commodes avec Madame de Monaco; mais ce commerce n'eut que peu ou point de suite.

La faveur du Chevalier de Lorraine continuoit, & Madame prenoit sur elle la peine que sa présence lui faisoit, toutes les fois qu'elle le rencontroit. Cette Princesse pleuroit souvent; & de l'envie qu'elle avoit euë certainement de plaire au Roy, il lui restoit au moins que Sa Majesté la consoloit, & qu'elle trouvoit dans ses conseils le charme que la confiance peut donner. Le Chevalier de Rohan avoit aussi bonne mine qu'homme du Royaume; c'étoit un homme d'un esprit dérangé, plein d'imaginations vagues, brave & magnifique; il y auroit eu du bon dans sa sorte d'esprit, si quelque regle avoit pû former en lui quelque chose qui ressemblât aux usages ordinaires, & à ce que les autres pensent. Sa vanité lui fit croire que Madame lui sçauroit gré d'une insulte qu'il avoit faite au Chevalier de Lorraine ; & sans avoir peut-être d'autre prétention sur le cœur de cette Princesse, que celle que lui donneroit l'inimitié du Chevalier de Lorraine, il le querella, & se vanta de l'avoir frappé ; le Chevalier de Lorraine assura le contraire. Le Roi ordonna au Duc de Noailles de les raccommoder. Le Chevalier de Rohan désavoüa ce qu'il avoit avancé, & en signa même le désaveu ; & le même jour, il écrivit à dix de ses amis, que pour éviter la rigueur des Ordonnances, il avoit crû pouvoir nier un fait, lequel étoit pourtant tel qu'il l'avoit publié.

Ces billets, dont le Chevalier de Lorraine & Monsieur avoient connoissance, firent encore un nouvel éclat. Quoiqu'il en soit, ce démêlé, dont les procedez n'ont jamais été bien nets, n'a pas fait honneur, ni à la vie du Chevalier de Lorraine, ni à la mémoire du Chevalier de Rohan, qui eut le col coupé quelques années après, pour d'autres choses qui n'ont nul rapport à cette affaire.

Dans ce temps-là s'imprima un Livre

en Hollande, dont M. de Louvois eut le premier exemplaire. Ce livre étoit un Hiſtoire merveilleuſement bien écrite; elle portoit pour titre : *Les Amours du Palais Royal.*

Madame s'y trouvoit cruellement traitée; & la prétenduë paſſion, qu'on l'accuſoit d'avoir euë inutilement pour le Roi, y étoit tout au long.

Monſieur de Louvois remit ce petit Livre au Roi, qui crut que Madame en devoit être informée, afin de prendre quelques meſures avec Monſieur, au cas qu'il en eût connoiſſance. Il eſt inconcevable combien Madame fut pénétrée de cet imprimé; & ſans rien décider avec le Roi, ſur ce qu'il y avoit à faire pour prévenir Monſieur, elle s'enferma dès que le Roi fut retourné chez lui, & envoya chercher l'Evêque de Valence. Je ſuis perduë, lui dit-elle, mon pauvre Valence, liſez, en lui donnant ce petit Livre, liſez toutes ces fauſſes horreurs que Monſieur ne croira que trop; & puis, ajoûta-elle, quand même je ſerois juſtifiée avec Monſieur, le ſerois-je avec le Public, auquel l'on ne peut cacher la lecture de tout ce que contient cette Fable. Monſieur l'Evêque de Valence la consola tant qu'il put, & la rassura sur la fausseté des circonstances. Le lendemain Madame outrée, qui ne s'étoit ouverte de cette avanture qu'à M. de Valence, l'envoya chercher, on lui raporta qu'il étoit allé à Paris;elle lui écrivit un mot pour l'obliger de venir lui parler. Le Page qu'elle envoya à Paris l'assura que l'Evêque de Valence n'avoit pas couché chez lui, & que ses gens disoient qu'il étoit allé faire un tour de huit jours à la campagne, chez un de ses amis. Mon Dieu, disoit cette Princesse à Madame de Saint Chaumont, que votre ami prend mal son temps; je lui ai confié la chose du monde la plus importante, je n'en puis parler qu'à lui, & il est assez indiscret pour s'absenter. Madame de Saint Chaumont, qui ne sçavoit effectivement ce qu'il étoit devenu, envoya de tous côtez pour en sçavoir des nouvelles, & tout ce qu'elle fit, pour le faire chercher pendant dix jours, fut inutile; enfin le onziéme M. de Valence parut devant Madame à l'heure du matin que l'on pouvoit entrer dans sa chambre. Dès que Madame fut habillée, elle passa dans son cabinet, & le fit appeller: Pourquoi m'avez-vous quittée, Monsieur, lui dit-elle, dans le temps de ma vie que j'ai plus besoin de consolation, & que mon cœur est le plus affligé ? Tenez, Madame, lui dit M. de Valence, en lui tirant de ses poches, & de dessous sa soûtanne, près de trois cent exemplaires en feüilles ; tenez, Madame, il n'en sera plus parlé, brûlez-les vous-même? Et tout de suite l'Evêque de Valence lui conta, qu'au sortir de la premiere conversation, dans laquelle elle eût la bonté de lui conter ses malheurs, il avoit pris le parti de passer en poste en Hollande ; qu'il avoit soustrait jusqu'au premier exemplaire de cette Histoire qui lui faisoit de la peine; & que moyennant deux mille Pistoles qu'il avoit données au Libraire, il ne seroit jamais parlé de ce Livre, dont il l'assura que deux exemplaires seulement ne pouvoient se ratraper ; un envoyé à M. de Louvois, & l'autre au Roi d'Angleterre. La joye que ressentit Madame de la singularité de ce service important, ne peut s'exprimer; & fit depuis le fondement de toute la confiance que Madame prit en lui sur tous les secrets de son cœur.

L'Evêque de Valence m'a montré, quinze ans après la mort de Madame, un ſeul exemplaire de cette Hiſtoire, qu'il avoit gardé pour ſa curioſité ; il ne reſſemble en rien à celui qui a couru depuis ſous le même titre, lequel ne contient pas un ſeul mot de vérité, & jamais l'on n'a rien ſçû de cette Hiſtoire, Madame ayant brûlé l'exemplaire que le Roi lui remit ; le Roi d'Angleterre, ſon Frere, lui ayant pareillement remis le ſien, qu'elle brûla; & l'Evêque de Valence, ayant vraiſemblablement tenu le ſerment qu'il me fit, qu'avant que de mourir il brûleroit ce ſeul exemplaire qui lui reſtoit, dont j'ai lû dans ce temps-là plus de la moitié.

Le Roi eut connoiſſance par Madame, de cette noble vivacité de l'Evêque de Valence, dont il le loüa en particulier, ſans que jamais il lui en ait rien témoigné.

La paix, qui duroit depuis le mariage de Sa Majeſté, n'étoit guéres compatible avec le courage d'un jeune Roi qui ſe ſentoit heureux, & dont les grands talens avoient, pour ainſi dire, été cachez pendant le gouvernement de Mazarin, qui étoit mort quelques années auparavant. La renonciation de la Reine, à la ſucceſſion d'Eſpagne, ne s'étendoit pas ſi nettement sur les Pays-Bas, qu'il n'y eût une infinité de prétextes légitimes ou vrai-semblables pour recommencer la guerre, qui fut précedée d'un manifeste qui parut, dans lequel le Roi mettoit en avant une infinité de raisons pour autoriser la rupture de la paix.

Le Roi porta ses armes en Flandres, commandant lui-même son Armée, avec une netteté, un ordre, une vivacité, une intelligence de la guerre, & un bonheur qui ne s'étoit jamais vù pareil ; chacun sçait comme ce grand Prince s'exposoit, prenoit la peine & entroit lui-même dans les moindres détails du Commandement de son Armée.

L'Evêque de Valence, qui ne trouvoit presque plus dans Monsieur ce qui l'avoit déterminé à se donner à lui quand il entra dans sa Maison, & qui ne se trouvoit de rien, parce que Monsieur n'étoit gueres consulté, n'avoit pas laissé de conserver auprès de lui une extrême liberté de parler ; quoiqu'il fût ennemi du Chevalier de Lorraine, & parfaitement attaché aux interêts de Madame, Monsieur le consideroit & le consultoit. Il mit en tête à Monsieur, que le tems de travailler à sa réputation

tion étoit venu, & qu'il ne lui devoit pas ſuffire de s'expoſer à la Guerre,& de s'acquerir la gloire d'être vaillant, qu'il devoit avoir part aux Conſeils,& demander au Roi l'honneur & la liberté d'y entrer. Monſieur le fit & fut refuſé. Les donneurs d'avis parmi les Princes ſont en quelque maniere garants du ſuccès de ce qu'ils propoſent. Monſieur ſe plaignit aigrement à M. de Valence de ce qu'il l'avoit embarqué à ſe faire refuſer:Comment,Monſieur,repliqua M. l'Evêque de Valence , vous vous affligez d'un refus que vous fait votre Frere , & vous vous laiſſez abattre par une bagatelle , dont il me ſemble qu'à votre place je me ferois un mérite important. Croyez-moi,Monſieur, continua M. de Valence , dès que le Roi ne pourra vous refuſer ſon amitié & eſtime , il faut qu'il vous en donne des marques effectives ; ſon amitié vous eſt immanquable : travaillez à vous faire une réputation dont il ſoit jaloux lui-même , & je vous réponds du reſte. En effet , Monſieur réſolut que dès le lendemain du grand matin il iroit viſiter les Gardes , qu'il iroit à la tranchée avant que le Roi pût en avoir connoiſſance , qu'il répandroit de l'argent aux troupes, qu'il feroit avancer le travail du ſiége,auquel on étoit alors ; & qu'enfin quand le Roi lui demanderoit au retour des nouvelles de ce qu'il avoit fait , Monſieur lui répondroit avec fermeté , que puiſqu'il n'étoit pas encore aſſez heureux pour pouvoir le ſervir de ſon conſeil, il vouloit tâcher auparavant de ſe rendre digne de le ſervir de ſa perſonne. Monſieur ſuivit exactement ce projet , & dès le lendemain ſe montra vaillamment aux poſtes les plus avancez. L'Evêque de Valence lui ſervit, non pas d'Aumônier , mais de Tréſorier,jettant de l'argent à tous les bleſſez , & aux travailleurs pour faire avancer les ouvrages.

Le Roy fut averti de bonne heure que Monſieur étoit à la tranchée , & envoya un de ſes Aydes de Camp ſçavoir de ſes nouvelles. Tous ceux qui revenoient d'où Monſieur étoit , parloient de ſa valeur avec éloge. Le Roy fit au matin ſes promenades,& donna ſes Ordres de General ; après quoi,entrant chez lui,il demanda Monſieur,qui n'étoit pas revenu, & lui envoya dire qu'il l'attendoit pour dîner. A cela Monſieur répondit reſpectueuſement , qu'il le ſupplioit de ne pas l'attendre, qu'il avoit fait commencer un travail qu'il seroit bien aise de voir achever, & qu'il avoit fait apporter un morceau pour manger à la tranchée. En effet, sur les quatre heures du soir Monsieur revint, & rendit compte au Roy de l'état de la tranchée, de ce qui s'y étoit passé dépuis le matin, & finit par dire, que puisqu'il n'étoit pas assez heureux pour pouvoir le servir dans ses Conseils, il étoit résolu de se rendre digne de le servir de sa personne & de son bras. Le Roy, sans paroître émû, lui repliqua avec un ton assez ironique : diable, mon Frere, je vous conseille de vous faire sac à terre; oh bien ! allez vous reposer, car vous en avez grand besoin.

L'Evêque de Valence, qui entendit ce discours, n'en fut gueres moins frappé que Monsieur, qui continua depuis son premier train de vie, c'est-à-dire, de suivre & de voir le Roy, sans se mêler de rien.

Le Roy prit Doüay & Tournay, l'Isle, & plusieurs autres Places. L'hyver il porta ses armes en Franche-Comté : rien ne résistoit à sa valeur, aux bonnes mesures qu'il prenoit, ni au chemin qu'il se frayoit à la gloire que Sa Majesté s'est depuis si légitimement acquise. Tant de prosperitez dans ses armes ne pouvoient long-temps se maintenir sans réveiller les Puissances voisines. L'Angleterre , la Hollande , l'Espagne offensées proposerent la paix , qui fut faite , & la plûpart des conquêtes que le Roi fit cette belle campagne , qui porta le nom de la campagne de l'Isle , lui resterent.

Le Duc de Montmouth passa d'Angleterre à la Cour dans ce temps-là. C'étoit un Prince mieux fait , & plus beau qu'il n'étoit aimable. L'interêt que Madame parut prendre à ce Prince , qu'elle honoroit du nom de son Neveu , & auquel elle eut soin d'ordonner les plus magnifiques habits de France , la maniere dont il dansoit les contre-danses , qu'il apprit à Madame , la familiarité que donne la commodité de parler quelquefois une même langue que les autres n'entendent pas , l'assiduité de ce Prince à se trouver aux heures ausquelles Madame étoit visible , les manieres de cette Princesse , toûjours charmantes ; tout cela fit croire qu'il y avoit entr'eux une sorte de jargon , dont il n'est que trop aisé de soupçonner ceux qui sont naturellement galants. Le Chevalier de Lorraine, dont la faveur auprès de Monsieur subsistoit avec plus d'éclat que jamais, eut le malheur d'être regardé comme celui qui entretenoit les petites divisions qui naissoient souvent entre Madame & Monsieur. Les Grands sont assujettis à être vûs de plus près que ceux qui menent une vie privée. Je ne sçai si le Roy fut averti de ce commencement de chagrin par Monsieur, qui prétextoit son inquiétude des manieres de Madame avec le Duc de Montmouth, ou si le Roy en fut informé par Madame, qui prétextoit la sienne du crédit que le Chevalier de Lorraine avoit sur l'esprit de Monsieur; le Roy fit ce qu'il pût pour empêcher l'éclat que ces divisions préparoient dans sa Maison; mais les Roys, quelque puissans qu'ils soient, ne peuvent jamais étouffer le principe des affections ni des haines. Il exila pour quelque temps le Chevalier de Lorraine, qui se retira en Italie, & le Duc de Montmouth, après un séjour de quelques mois à la Cour, repassa en Angleterre.

J'ai oublié de remarquer que quand le Roi revint de Flandres, il avoit séjourné à Villers-cotterets. Monsieur l'avoit précédé de quelques jours pour mettre ſa Maiſon en état de le recevoir ; & comme ce Prince ordonnoit & travailloit lui-même à ranger des Chaiſes dans ſes appartemens , l'Evêque de Valence ne pût s'empêcher de dire : qu'en attendant que Monſieur fût en état de ranger une Armée en bataille il s'apprenoit à ranger des Fauteüils. Ce diſcours fût redit à Monſieur , & quelques jours après, quand la Cour fût revenuë à Saint Germain, le Roi, ſe reſſouvenant du jour que Monſieur s'étoit tant tourmenté à la tranchée, lui demanda qui lui avoit donné ce beau conſeil , & Monſieur eut la foibleſſe de lui dire que c'étoit l'Evêque de Valence. Mon Frere , lui dit le Roi , ſon conſeil n'étoit pas trop obligeant pour moi, mais il ne vous conſeilloit pas trop mal pour vous. Monſieur ſouffroit impatiemment l'éxil du Chevalier de Lorraine, auquel il envoyoit magnifiquement tout ce qui pouvoit contribuër à diminuer la peine de l'abſence ; il s'en prenoit à Madame, & à tout ce qui l'approchoit. M. de Valence devint l'objet de ſon averſion ; il crut qu'il avoit eu part à l'éxil de ſon favori. L'attachement qu'il voyoit que cet Evêque avoit pour les interêts de Madame l'offenſoit;& l'Evêque de Valence , qui s'en apperçût, ſupplia Madame de lui permettre de ſe retirer. Madame s'y oppoſa tant qu'elle pût ; les dégoûts que Monſieur lui donnoit renaiſſoient toutes les fois que l'occaſion s'en préſentoit. Au nom de Dieu, Madame,lui diſoit l'Evêque de Valence, laiſſez-moi ſortir honnêtement par la grande porte , & évitez-moi que Monſieur ne me faſſe ſortir par les fenêtres. Cette Princeſſe ſe rendit à une infinité de raiſons que M.de Valenee lui dit; de ſorte qu'ayant aſſez ſecrettement traité de ſa Charge avec l'Abbé de Treſſan , Aumônier ordinaire,il pria Monſieur de lui permettre de ſe retirer , & fut pris au mot ; Monſieur ayant durement ajoûté que s'il n'avoit pas pris ce parti , il étoit réſolu de l'y obliger.

Quelques jours après qu'il eût donné la démiſſion de ſa Charge , & qu'il en eût touché l'argent , Monſieur lui envoya dire par Varangeville qu'il s'étoit ſouvenu qu'il lui devoit 14000. livres du jeu , & qu'il les lui envoyeroit inceſſamment. Monſieur , repliqua l'Evêque de Valence , me fait trop d'honneur , dites-lui que je les lui donne de tout mon cœur ; mais puisqu'il veut payer ses dettes , que je le supplie de se souvenir de dix mille écus que j'ai été assez heureux pour lui prêter ; car pour ce qui est des 14000. livres du jeu , c'est une bagatelle , dont je suis récompensé par l'honneur que j'ai eu de joüer avec lui. Varangeville ne diminua rien de la signification gasconne de ses paroles , & Monsieur ordonna à Boisfranc de lui porter le lendemain dix mille écus , avec l'interêt du jour que le prêt avoit été fait.

Boisfranc se rendit sur les dix heures du lendemain matin chez l'Evêque de Valence. Le hazard fit qu'alors qu'il y arriva plusieurs gens qui avoient affaire à cet Evêque s'y trouverent. L'arrivée de Boisfranc leur fit croire qu'il étoit mieux de les laisser seuls : Point du tout , Messieurs , dit M. de Valence , nous n'avons rien de particulier à dire M. de Boisfranc & moi. Boisfranc s'approcha de son oreille , & lui dit tout bas , qu'il lui apportoit dix mille écus que Monsieur lui devoit: A moi,repliqua M.de Valence,tout haut,à moi dix mille écus, Monsieur se moque-t-il de moi,il est trop régulier ? Boisfranc , 'qui ne pouvoit plus

tenir

tenir le cas ſecret, lui répondit : oüi, Monſieur, j'ai ordre de vous rendre dix mille écus que Monſieur vous doit, & que je vous apporte. En vérité, reprit M. de Valence, je ne comptois plus que cela me dût être payé, je ſuis un pauvre Prêtre, qui puis me paſſer de peu, mais un grand Prince comme Monſieur, obligé à une infinité de dépenſes, s'aviſe-t-il de payer ſes dettes, j'avois oublié celle-là. J'ai même ordre, reprit Boisfranc, de vous payer les interêts : oh! M. de Boisfranc vous vous méprenez, quand j'ai été aſſez heureux de prêter dix mille écus à Monſieur, je les lui ai prêtez en Gentilhomme & non comme celui que vous placez ſouvent ; ainſi profitez ou faites profiter Monſieur, ou tel autre qu'il vous plaira de ces interêts, mais Monſieur ſçait que je n'en ai jamais prétendu d'autre dans ſa Maiſon que celui que j'ai rencontré dans l'honneur d'être ſon domeſtique.

Boisfranc fit apporter les dix mille écus que M. de Valence conſentit de prendre ſans vouloir recevoir d'interêts ni ſouffrir que l'on comptât cet argent. Cette ſcene ne fut pas plûtôt paſſée que Boisfranc lui préſenta un Billet de quatorze mille livres. Qu'est-ce que c'est que ce Billet, lui dit M. de Valence ? C'est un Billet, reprit Boisfranc, que Monsieur veut vous donner pour quatorze mille livres qu'il vous doit du Jeu, qui en attendant que celui qui doit la même somme à Monsieur, vous les païe, vous servira de sureté. M. de Valence prit ce Billet, & tirant de sa poche des cizeaux sépara le nom de Monsieur du reste du Billet. Les sillabes respectables, dit-il, qui composent le nom de Monsieur sont sacrées, je vous prie de les vouloir reprendre ; mais pour le reste du Billet, il me permetra de le mettre en piéces, & remettant entre les mains de Boisfranc le mot Philippe, il déchira ce Billet en mille piéces. Boisfranc rendit compte à Monsieur de tout ce qui s'étoit passé, peut-être y ajoûta-t-il quelque chose ; je ne sçai si d'autres gens ne soufflerent point à Monsieur, que les discours & les manœuvres de M. de Valence l'offençoient. Enfin, Monsieur se mit en tête qu'il faloit qu'il sortît de Paris ; & que pour abréger une infinité de contes qui lui revenoient, il étoit de sa dignité, qu'il s'absentât ; de sorte que Monsieur lui fit dire, non comme un ordre, mais comme une ſorte d'inſinuation qui reſſemble à un Commandement, quand il vient de ceux qui ſont infiniment au-deſſus de nous, qu'il devoit ſonger à aller à ſon Dioceſe. A cela, M. de Valence répondit, que puiſqu'il avoit eu le malheur de déplaire à Monſieur, il s'abſtiendroit de ſe préſenter devant lui, qu'il ne mettroit pas les pieds au Palais Royal, ni dans aucun lieu où ſa vûë pût bleſſer Monſieur, mais que n'ayant plus l'honneur d'être ſon domeſtique, il ne croyoit pas qu'il voulût lui commander d'autorité une choſe dans laquelle il ne lui manquoit point de reſpect, quand il ne le faiſoit pas. Le même homme, dont j'ai oublié le nom, qui rendit compte à Monſieur de la réſolution dans laquelle cet Evêque étoit de ne pas obéir, fut chargé de lui dire en particulier que les Fils & les Freres du Roi trouveroient moyen de ſe faire obéïr, & que Monſieur prendroit les voyes les plus offençantes que ſon honneur & ſon dépit lui pourroient fournir pour le faire repentir du peu de reſpect qui paroiſſoit dans ſon obſtination. A cela M. de Valence répondit encore très-reſpectueuſement, que n'étant ni ſujet de Monsieur, ni son domestique, il le supplioit de trouver bon qu'il s'exemptât d'une loi dure, à laquelle ses affaires & son caractére d'Evêque ne pouvoient se soûmettre ; & comme celui qui lui parloit de la part de Monsieur, le pressa, & lui fit entendre que Monsieur prendroit des voyes violentes : Dites à Monsieur, lui dit-il, que je suis Prêtre & Evêque, & qu'en rendant à Monsieur tout ce que le respect le plus profond peut exiger de moi, ne parlant jamais de lui, & ne me trouvant jamais où il sera, il est trop juste pour me faire assassiner ; & qu'à l'égard des autres violences, je porte à mon col par la Croix que j'ai une sauvegarde pour laquelle il aura toûjours lui-même de la consideration. Madame à qui Madame de Saint Chaumont rendoit compte de tout ce procédé, n'étoit pas trop fâchée de la mortification de Monsieur, qui de son côté ne vouloit pas rendre public le peu de succès qu'avoit eu le dessein de faire sortir de Paris M. de Valence. Enfin, le même homme que Monsieur avoit chargé de le menacer, le vint trouver de sa part ; & après une répétition à peu près des mêmes choses ; il lui dit qu'il lui conseilloit comme son ami de se retirer dans son Diocese ; & que s'il ne le faisoit pas de bonne grace, & pour plaire à Monsieur, Monsieur étoit résolu de demander au Roy une Lettre de Cachet pour l'éxiler. Je n'ai point d'emplâtre à ce malheur, répondit l'Evêque de Valence, j'obéïrai quand cela sera, parce que je ne pourrai faire mieux ; mais puisque Monsieur me pousse à bout, je vous supplie de lui dire de ma part, qu'il obtiendra plûtôt une Lettre de Cachet qu'un Gouvernement.

L'imprudence de ce discours relatif à ce qui s'étoit passé du tems que Monsieur demanda le Gouvernement de Languedoc, fit que Monsieur le redit au Roy, qui sçût très-mauvais gré à M. de Valence de cette étrange imprudence, dans lequel le secret du Roy, c'est-à-dire, ce qu'il avoit uniquement dit à M. de Valence se trouvoit revelé ; de sorte que M. de Valence fut exilé, & partit pour son Diocese, laissant Madame, qui avoit une entiére confiance en lui, très-fâchée de se voir privée de l'entretien d'un homme dans lequel elle avoit toûjours trouvé des ressources de fidelité, de consolation, de service & d'attachement à ses interêts.

La paix qui s'étoit faite après la glorieuse campagne de l'Isle, n'avoit été pour ainsi dire qu'un essai de ce que la grandeur du Roy lui promettoit. La Hollande n'avoit pas eu une conduite dont la France put être contente, elle avoit obligé le Roy de faire la paix, & avoit personnellement offensé Sa Majesté dans ses relations, dans ses lardons & dans ses gazettes. M. de Fustemberg, qui gouvernoit l'Electeur, & l'Electorat de Cologne, répondoit que cet Electorat & l'Evêché de Liege demeureroient dans la situation que le Roi pouvoit désirer, pour en tirer les secours nécessaires à la guerre qu'il déliberoit de porter en Hollande. Les forces d'Espagne étoient dans un annéantissement qui ne pouvoit tout au plus faire qu'une dive sion très-médiocre. Ce qui s'étoit passé à la campagne de l'Isle faisoit craindre aux Païs-bas de revoir une guerre qui eût achevé de ruïner la Flandres, il s'agissoit de faire en sorte que l'Angleterre demeurât neutre, ou se déclarât pour la France. Charles II. Roy d'Angleterre, n'étoit pas si absolument maître de son Parlement, que quelque inclination qu'il eût pour la France, & quelque amitié qu'il eût pour le Roy, il fût en pouvoir de promettre ni de faire ce qu'il eût voulu pour favoriſer ſes deſſeins. Il étoit pourtant abſolument néceſſaire de s'aſſurer de celui ſans lequel les projets ſur la Hollande n'euſſent pû réüſſir. Le Roy crut que Madame pourroit lui garder le ſecret de cette importante affaire, & qu'elle le ſerviroit dans ce deſſein auprès du Roy ſon frere, qui l'aimoit tendrement. M. de Louvois étoit trop neceſſaire pour que l'on pût ſe paſſer de lui, de ſes vûës, de ſes avis & de ſes lumiéres; mais avec toutes les qualitez déſirables dans un Miniſtre actif & vigilant, plein d'expédiens & tel que tout le monde l'a vû depuis, il avoit dans ce tems-là le malheur de porter dans toutes ſes actions un air de dureté & de déciſion, dont Madame n'avoit pu s'accommoder. Cependant quel moyen y avoit-il de lui cacher une choſe dans laquelle il étoit abſolument neceſſaire. Le Roi trouva tant d'éloignement dans l'eſprit de Madame pour M. de Louvois, qu'il lui promit qu'il n'entreroit pas dans la conduite de cette affaire que lorſqu'il ſeroit abſolument impoſſible de ſe passer de lui ; & parce que le Roy & Madame ne pourroient pas tout seuls dresser les projets, faire les mémoires & les instructions nécessaires à régler la mécanique & le détail de tout ce qu'il faut pour un aussi grand dessein que celui dont il étoit question, Madame proposa de se servir de M. de Turenne, afin d'en exclurre M. de Louvois. Le Roy le voulut bien, mais la verité est que le Roy fit confidence de tout à M. de Louvois, avec lequel Sa Majesté régloit toutes choses, & ensuite sur ses mémoires dont le Roy écrivoit la meilleure partie de sa main, Madame se trouvoit informée de tout ce qu'elle devoit faire auprès du Roy son Frere.

On ne peut point dire la joye que Madame avoit de se trouver ainsi le premier mobile de la plus grande affaire de l'Europe, & l'on ne peut assez loüer la retenuë & la modestie de M. de Louvois, qui ne parut jamais instruit de ce qui se passoit. La premiére convention entre le Roy, Madame & M. de Turenne, ce fut que Monsieur ne sçauroit rien de ce projet & que lors qu'on ne pourroit plus cacher le voyage de Madame, on le prétexteroit quelques semaines avant son départ, de la priére que le Roy d'Angleterre feroit à Madame de ne lui pas refuser la joye de l'embrasser quand la Cour seroit prête d'arriver à Dunkerque ou à Calais.

Il y avoit déja quelques années que M. de Valence vivoit dans son éxil, & payoit cherement l'imprudence qu'il avoit eu d'avoir parlé mal-à-propos. Madame avoit eu soin de l'informer avant son départ, que le Roy luy avoit dit qu'il ne se seroit point mêlé des petites choses qui s'étoient passées à sa sortie de la maison de Monsieur, s'il s'étoit abstenu de raconter ce que Sa Majesté lui avoit dit à l'occasion du gouvernement de Languedoc; de sorte qu'elle entretenoit un commerce de lettres avec luy, qui étoit la suite d'une veritable confiance. Elle eût été fort soulagée de pouvoir lui parler du dessein d'Angleterre; & comme il y avoit dans ce tems-là quelque espoir d'y rétablir la Religion Catholique, cette Princesse se mit en tête qu'il n'étoit pas impossible que M. de Valence la suivît en ce païs-là, ou qu'il s'y trouvât *incognito*, dans le tems qu'elle y seroit, pour s'aider secrettement de lui. Elle n'osoit parler de ce dessein au

Roy ; mais elle dit à Madame de Saint Chaumont que pour la plus importante affaire de sa vie, elle eût bien voulu lui parler & causer seulement une heure avec lui. Madame de Saint Chaumont l'en informa, & Madame lui manda précisément qu'elle vouloit lui parler. M. de Valence s'en excusa sur l'impossibilité de désobéïr au Roy qui l'avoit exilé dans son Diocese, d'où il ne pourroit s'absenter sans que l'on s'en aperçût. Enfin après bien des lettres, des repliques, & des Couriers envoyez & repartis, on convint que M. de Valence prendroit la liberté d'écrire au Roy, pour le supplier de lui permettre de faire un voyage en Limosin, pour les affaires de sa famille; & que dans l'intervalle qu'il faut pour aller de Valence en Limosin, il prendroit le tems de se rendre secrettement à Paris. Cette permission d'aller en Limosin fut accordée, & M. de Valence se préparoit sourdement à ce voyage, quand la Reine d'Angleterre, mere de Madame, qui s'étoit retirée depuis long-tems à Colombe, mourut.

On ne peut pas assez dire la répugnance que M. de Valence avoit pour ce voyage, ni combien il représenta à

Madame, & à Madame de Saint Chaumont par ses lettres, les risques infinis qu'il couroit en allant à Paris. Il reculoit tant qu'il pouvoit de partir, quand un courier de la part de Madame lui apporta une lettre que j'ay vûë, elle commencoit par ces mots : *Vous ne m'aimez donc plus, mon pauvre Evêque, puisque vous me refusez une consolation dont je ne puis me passer* : & dans le reste de cette lettre, Madame mandoit que l'on feroit à S. Denis le trentain de la Reine sa mere, c'est-à-dire, un Service solemnel un tel jour qu'elle lui marquoit ; que cette cérémonie à laquelle elle assistoit seroit très-longue ; que pendant le Service elle feindroit de se trouver mal à l'Eglise ; qu'elle ordonneroit qu'on la portât chez un Officier de sa bouche, lequel avoit une maison à S. Denis, dans laquelle, de concert avec cet Officier, M. de Valence seroit caché dès le jour d'auparavant. Cette Princesse finissoit sa lettre par les termes du monde les plus pressans, pour obliger M. de Valence à ne la pas refuser, & ajouta que c'étoit pour prendre ses conseils & les suivre dans la plus grande & la plus importante affaire de sa vie.

Quel moyen y avoit-il de ne pas vouloir ce que la plus gracieuse & la plus respectable Princesse ordonnoit ? M. de Valence manda qu'il suivroit le projet de Madame : il passa le Rhône à Valence, prit le chemin du Puy, & dit publiquement qu'il avoit eu permission du Roy d'aller en Limosin. Il étoit suivi de la Mack son neveu, qui depuis a été tué Aide de Camp de M. de Turenne, de Fonton son Maître d'Hôtel, qui depuis le fut de Madame la Dauphine, de son Valet de Chambre & de son Cocher, qui servit de Palfrenier; de sorte qu'ils n'étoient que cinq. Cette Calvacade n'eut pas si-tôt gagné les Montagnes d'Auvergne, que M. de Valence ayant mis sa Croix dans sa poche, & pris une perruque noire, tant soit peu plus longue que celle d'un Abbé bien régulier, prit tout d'un coup sur la droite, à grandes journées ; & sur les mêmes chevaux se rendit à Gien, par des Pays tout-à-fait détournez, avec dessein d'y laisser son Cocher & ses Chevaux ; & marchant la nuit en poste, de se rendre à Paris sans être vû de personne. Ce projet étoit possible, & le jour marqué pour le Service de la Reine d'Angleterre à S. Denis, étoit celui ſur lequel il faloit faire cadrer les circonſtances de ce voyage. L'Evêque de Valence s'étoit trouvé mal dès le Puy, les grandes journées qu'il étoit obligé de faire, l'inquietude inſéparable d'une telle entrepriſe, les mauvais Pays, les mauvaiſes nuits, tout cela fit qu'il eut un gros accès de fiévre, deux jours avant que d'arriver à Gien. Il lui continua le lendemain; & lors qu'il arriva à Gien, il en eut un ſi terrible, qu'il y falut ſéjourner & faire des remedes qui ne firent qu'augmenter ſon mal. La Mack ſçavoit quelque choſe du ſujet de ſon voyage. Gien eſt un trop grand paſſage pour y pouvoir reſter long-tems dans une Hôtellerie ſans y être découvert. La Mack propoſa à ſon Oncle de gagner Paris à quelque prix que ce fut: *Vous y ſerez*, luy dit-il, *plus caché & plus près des remedes, il n'y a ici ni bon Médecin, ni ſecours, ni commoditez neceſſaires. Il faut faire un effort malgré la Fiévre, vous approcher des Médecins & de vos affaires.* Cette étrange maladie ſi mal-à-propos venuë, la crainte d'être découvert, la néceſſité de ne ſe fier à perſonne, l'embaras de ſe cacher; tout cela, & mille autres inquiétudes augmentoient le mal de l'Evêque, qui consentit que son Neveu prît à l'instant la poste, pour retenir dans quelque Fauxbourg de Paris une chambre à l'écart où l'on auroit soin de luy; de sorte que le lendemain l'Evêque de Valence fit de necessité vertu, & la mort entre les dents arriva de Gien à Paris. Il fut conduit par les soins de la Mack, qui revint au devant de son Oncle, chez un Tireur d'or, au cinquiéme étage d'une maison, dans une petite ruë qui aboutit dans la ruë S. Denis. La Mack donna avis de son arrivée & de son état à Madame de S. Chaumont, qui en avertit Madame. Il y avoit deux jours qu'il étoit entre les mains d'un Apoticaire de réputation du quartier de S. Denis, qui fit venir un Médecin de ses amis pour le voir, sans que l'on dît à l'un ny à l'autre que le malade fût Evêque. Les remedes qu'ils ordonnerent apporterent si peu de soulagement, que l'on appella le Curé de la Paroisse, qui le confessa; cependant comme sur les quatre heures du même jour il parut quelque adoucissement à l'extrémité de son mal, l'on remit au lendemain à lui donner le Viatique.

Dans l'instant de ce premier soulagement, M. de Valence se fit jetter sur un petit lit de repos, sur lequel son Valet de Chambre couchoit ordinairement ; & tandis que l'on racommodoit un peu son lit, se fit aporter le Porte-feüille dans lequel étoient quelques papiers qu'il fit brûler devant lui, & remit les autres dans ce même Porte-feüille qu'il plaça entre les deux matelats de ce lit de repos ; ayant recommandé à la Mack, qu'en cas de mort, il eût soin de les remettre à Madame de Saint Chaumont. La nuit suivante il fut si mal que le Curé qui l'avoit confessé, la passa auprès de lui, mais il se porta mieux le lendemain ; de sorte que le Curé s'en étant retourné pour se reposer, & la Mack & Fanton en étant allé faire autant, M. de Valence resté seul avec son Valet de Chambre, il ne fut pas peu surpris de voir entrer M. le Grain avec cinq ou six Archers. Le Grain étoit honnête homme, humain, qui ne faisoit que le mal dont ses ordres & son emploi ne pouvoient pas l'exempter : Monsieur, lui dit-il, Je vous arrête de la part du Roy, vous êtes un coquin de faux monnoyeur, que nous cherchons depuis long-tems, levez-vous & ne vous faites point faire de violence, car ſi vous en faites je vous ferai garotter; moy, repliqua M. de Valence, moy faux monnoyeur; vous vous méprenez, prenez bien garde à ce que vous allez faire? N'êtes-vous pas arrivé un tel jour céans? reprit M. le Grain. N'avez-vous pas couche la veille dans un tel endroit? N'étiez-vous pas vêtu d'une tel ſorte, & n'aviez-vous pas tant de gens avec vous? Oüi, Monſieur, répondit M. l'Evêque de Valence, mais je ne ſuis point faux monnoyeur; & une marque de cela, c'eſt que j'ai dans ma caſſette ſix mille piſtolles, je vais vous en remettre la clef, & s'il y en a de fauſſes, je me ſoûmets à tout ce qu'il vous plaira. Pendant ce tems-là les Archers s'étoient ſaiſis de ſon Valet de Chambre. La peine extrême peut faire dans l'eſprit d'un malade, ce que l'Emetique fait dans ſon corps, l'Evêque de Valence fit un effort pour ſe lever, & remua le chevet de ſon lit ſous lequel il avoit mis ſa Croix d'Evêque: Voici, dit-il à M. le Grain, ce qui va décider qui je ſuis, mais faites-moy le plaiſir de faire retirer

rer ces Messieurs, & je vous avoüerai tout. En effet, M. de Valence lui dit qui il étoit; qu'étant exilé il avoit cru ne pas faire un crime de venir à Paris, pour des affaires qui ne regardoient ny le Roy ny la Justice; qu'il avoit eu le malheur de tomber dans l'extrémité du mal qui l'accabloit, qu'il falloit que l'on se fût mépris, si c'étoit un faux monnoyeur qu'il cherchoit; & qu'il le prioit de lui saûver l'honneur & la vie; l'honneur en ne faisant point éclater ce qu'il lui confioit à titre de confession, & la vie en lui laissant prendre ses remedes en liberté. J'ay déja dit que M. le Grain étoit honnête homme, & le vray caractere de la verité se fait toûjours sentir.

Ce que M. de Valence disoit étoit trop vrai pour qu'il en pût douter, mais son ordre portoit d'arrêter un homme fait d'une telle & telle maniere, venu à une telle heure, un tel jour, & faux monnoyeur. Enfin comme le Grain essayoit d'ajuster toutes ces circonstances avec ses ordres, l'Apoticaire arriva, qui portoit un Lavement. M. de Valence ne le vit pas plûtôt qu'avec une presence d'esprit surprenante: Monsieur, dit-il, en s'adressant à M. le Grain, je vous ai dit qui j'étois, le remede qui m'est ordonné me sauvera peut-être la vie, ne me permettez-vous pas de le prendre? M. le Grain le lui permit, & fit relâcher son valet, que ses Archers tenoient; de sorte qu'à l'aide de son Valet & de son Apoticaire, il se fit porter sur le petit lit de repos, & y reçût son lavement, ayant prié M. le Grain de tourner la tête, parce que, disoit-il, il n'est pas séant qu'un Prêtre reçoive un remede devant tout le monde. M. le Grain se tenoit à la porte, le dos tourné, pour lui laisser la liberté de recevoir son remede qu'il ne garda qu'un moment; & dès qu'il vit que M. le Grain se rapprocha de son lit; je ne vous échaperai pas, Monsieur, lui cria-t-il; Au nom de Dieu, tournez le dos, que je rende ce remede, que je ne puis plus garder; il le rendit en effet, moitié sur le lit & moitié dans un bassin, que son valet lui présenta diligemment; & comme il se plaignoit, & qu'il vit que M. le Grain avoit effectivement le dos tourné pour éviter l'ordure de ce spectacle, il se tourmenta tant sur le lit, qu'il attrapa son porte-feüille, dont il jetta les papiers avec le reste de ſon lavement dans le baſſin, qu'il ordonna tout bas à ſon valet d'aller vuider dans le privé de la maiſon. M. de Valence m'a dit que juſques-là il avoit crû qu'il ne reviendroit pas de ſa maladie ; mais que dès qu'il ſçût ſes papiers en ſûreté, il ſentit que ſa ſanté reviendroit. En effet, ſon valet paſſa ce baſſin auprès de M. le Grain, & au milieu de tous ſes Archers, dont chacun tournoit le dos, & ſe bouchoit le nez, & revint aider à remettre ſon Maître au lit, l'aſſurant tout bas qu'il s'étoit défait de ſes papiers, après quoy il fallut recommencer à parlementer avec M. le Grain, qui ne pouvoit comprendre comment il avoit arrêté un Evêque, en croyant arrêter un faux monnoyeur. Le dénoûment de tout ceci, fut que Monſieur de Valence écrivit au Roy ; & que juſqu'à ce que Monſieur le Grain eût réponſe de Monſieur de Louvois, auquel il adreſſa une lettre en lui rendant compte de tout ce qui s'étoit paſſé, il demeureroit avec lui ſans le tourmenter, & que ſes Archers ſe tiendroient dans cette maiſon. La Mack & Fanton revinrent qui confirmerent encore à M. le Grain que celui qu'il avoit cru faux monnoyeur , étoit l'Evêque de Valence , & la MACK alla avertir Madame de Saint Chaumont de cet étrange accident , & que les papiers étoient sauvez.

Je ne sçai d'où M. de Louvois en vouloit à M. l'Evêque de Valence , ny si ce fut Sa Majesté qui le voulut mortifier ; mais pour toute réponse , M. le Grain reçût un billet de M. de Louvois, dans lequel il lui mandoit que l'homme qui se disoit M. l'Evêque de Valence , étoit un faux monnoyeur , & qu'il eût sans réplique à le traiter de même & à le conduire au Châtelet , sans qu'une autrefois il luy arrivât de suspendre ce qui luy étoit commandé.

M. le Grain connut alors que la Cour vouloit bien être trompée , & M. de Valence eut beau parler , representer, crier, & se défendre sur l'état auquel il étoit ; il falut se lever , s'habiller , & se laisser conduire au Châtelet , où il fut écroüé comme faux monnoyeur , sa cassette fut saisie , il fut foüillé par tout ; & le Grain fit inventaire de tout ce qu'il trouva dans ses habits & dans ses cassettes.

Un Evêque au Châtelet n'est pas une chose bien ordinaire , mais quand on y eſt , les plus ſages ſont ceux qui approchent le moins d'en ſortir. M. de Valence écrivit à Meſſieurs les Agens du Clergé qui le vinrent trouver , il les chargea d'une ſeconde lettre pour le Roy , auquel ces Meſſieurs rendirent compte , que M. de Valence étoit au Châtelet : Au Châtelet , dit le Roy , cela eſt impoſſible , car il eſt dans ſon Dioceſe , ou en Limoſin ; Meſſieurs les Agens lui aſſurerent qu'ils l'avoient vû & luy rendirent ſa lettre. Alors le Roy fit à ces Meſſieurs les Agens une eſpece d'excuſe de cette mépriſe , & leur ordonna d'aſſurer le Clergé à la premiere occaſion qu'il avoit été ſurpris de ſçavoir qu'un Evêque éxilé fût venu à Paris , ſans ordre ; mais qu'il n'en avoit donné aucun pour arrêter celui-là , qu'on n'avoit point connu tel, & que ſon intention n'avoit jamais été de nuire aux libertez dudit Clergé ; de ſorte que le lendemain on expédia une ſeconde lettre de cachet, pour changer le lieu de l'éxil de M. de Valence ; & pour réparer en quelque maniere , la honte de tout ce qui s'étoit paſſé , le Roy ordonna à la Fond , Gentilhomme ordinaire , de conduire cet Evêque à l'Iſle en Jourdain , honneur qui juſqu'alors n'avoit été accordé à aucun Evêque, de donner un Gentilhomme ordinaire pour l'accompagner. La caſſette & l'argent furent remis à M. de Valence, qui partit en litiere, & dont la ſanté avoit commencé à ſe rétablir depuis l'induſtrieuſe conſervation de ſes papiers. Monſieur fit un grand bruit de cet évenement, & Madame de Saint Chaumont fut éxilée.

Cependant tout ce qui ſe préparoit ſourdement pour le voyage de Madame s'achevoit. Elle fut au déſeſpoir de cet accident de M. de Valence qu'elle ne vit point. Le Roi fit, ſuivant ſon projet, un voyage en Flandres avec toute la Cour. M. de Lauſun commandoit toute l'eſcorte du Roi, compoſée de ſa Maiſon & de ſa Gendarmerie, & de ſes Mouſquetaires; l'idée de la magnificence ne peut pas aller plus loin que ce qu'on a vû dans ce voyage. Les Troupes étoient ſuperbement vêtuës, la Cour n'a jamais paru plus brillante, le Roi jettoit à pleines mains l'or qu'il répandoit abondamment dans les Villes de ſes nouvelles conquêtes, & ajoûtoit, à la qualité de toutes ces choſes qu'il donnoit, les charmes de la maniere avec laquelle il parloit & agiſſoit. Le voyage finit par la viſite des Places de la mer, & Madame devoit s'embarquer au port le plus commode. Jamais ſecret n'a paru mieux gardé que celui qui devoit conduire Madame en Angleterre.

Quelques ſemaines avant le départ de Madame, le ſecret en fut revelé à Monſieur, lequel en parla au Roi comme un homme inſtruit. Sa Majeſté fit des reproches à Madame de n'avoir pû garder le ſecret. Madame aſſuroit avec des ſermens & des circonſtances, dont on ne pouvoit pas douter, qu'elle n'en avoit jamais rien revelé. Le Roi eſt impénétrable, & ſçavoit bien que qui que ce ſoit en France ne pouvoit être informé de ſes deſſeins, hormis M. de Louvois, dont il n'avoit oſé parler à Madame, & M. de Turenne. Quel moyen y avoit-il de ſoupçonner M. de Turenne ? Cependant, ſi ce n'étoit ni le Roi ni Madame, il faloit que ce fût l'un des deux qui en eût parlé. Le Roi prit le ſeul bon parti qu'il y avoit pour approfondir cet embarras, & découvrit à Monſieur ce qu'il ne pouvoit plus cacher : il lui dit, ſans approfondir ſon grand projet ſur la Hollande, que depuis quelque temps il avoit jetté les yeux ſur Madame pour l'engager de passer en Angleterre, & cimenter, sur les instructions qu'il lui préparoit, une union des Couronnes entre le Roi d'Angleterre & lui, pour l'agrandissement du commerce; qu'il avoit expressément défendu à Madame d'en parler à qui que ce soit. Enfin, le Roi tourna M. son Frere de tant de manieres, qu'il découvrit que cet avis du voyage de Madame en Angleterre lui étoit venu par le Chevalier de Lorraine. Mais par où le Chevalier de Lorraine, qui n'étoit pas à la Cour, en étoit-il informé? Le Roi envoya chercher M. de Turenne: Parlez-moi comme à vôtre Confesseur, lui dit le Roi, avez-vous dit à quelqu'un ce que je vous ai confié de mes desseins sur la Hollande, & sur le voyage de Madame en Angleterre? En verité si le cœur de ce grand homme fut jamais combattu entre la verité & la honte d'avoüer sa foiblesse, ce fut dans cette occasion; cependant la verité l'emporta, & ce fut un des grands combats & des plus embarrassans, où ce grand Capitaine se soit trouvé. Comment, Sire, repliqua M. de Turenne en bégayant, quelqu'un sçait-il le secret de Votre Majesté? Il n'est pas question de cela, reprit le Roi pressamment;

ſamment ; en avez-vous dit quelque choſe ? Je n'ai point parlé de vos deſſeins ſur la Hollande certainement, répondit M. de Turenne ; mais je vais tout dire à Votre Majeſté. J'avois peur que Madame de Coatquen, qui vouloit faire le voyage de la Cour, n'en fût pas ; & pour qu'elle prît ſes meſures de bonne heure, je lui en dis quelque choſe, & que Madame paſſeroit en Angleterre pour voir le Roi ſon Frere ; mais je n'ai dit que cela, & j'en demande pardon à Votre Majeſté, à qui je l'avouë. Le Roi ſe prit à rire, & lui dit : Monſieur, vous aimez donc Madame de Coatquen ? Non pas, Sire, tout à fait, reprit M. de Turenne ; mais elle eſt fort de mes amies : oh bien ! dit le Roi, ce qui eſt fait eſt fait, mais ne lui en dites pas davantage ; car ſi vous l'aimez, je ſuis fâché de vous dire qu'elle aime le Chevalier de Lorraine, auquel elle redit tout, & le Chevalier de Lorraine en rend compte à mon Frere.

Quelques jours après, Madame paſſa en Angleterre. Le temps qu'elle y reſta furent autant de jours de triomphe. Cette charmante Princeſſe enchantoit tous ceux ſur leſquels elle vouloit laiſſer tomber ses yeux ; elle réüssit auprès du Roi son Frere dans la meilleure partie des choses dont le Roi l'avoit chargée, & repassa en France, où peu de temps après son retour elle mourut à S. Cloud, si subitement, qu'il courut mille bruits differens de sa mort, dont pas un, peut-être, n'a de fondement que le malheur de l'humanité.

A l'égard de M. de Valence, il resta quatorze ans éxilé au Jourdain, & revint enfin dans son Diocese, d'où quelques années après son retour, ayant eû l'honneur de saluer le Roy, & de revoir Monsieur, qui le recûrent tous deux avec mille témoignages d'amitié, il fut transferé de l'Evêché de Valence à l'Archevêché d'Aix. C'est un homme d'une vivacité surprenante, d'une éloquence qui ne laisse pas la liberté de douter de ses paroles, bien qu'à la quantité qu'il en dit, il ne soit pas possible qu'elles soient toutes vrayes. Il est d'une conversation charmante, d'une inquiétude qui fait plaisir à ceux qui ne font que l'observer, & qui n'ont point affaire à luy; je me souviens que dans une conversation où je me trouvai, en allant en Italie, entre le Cardinal le Camus & luy, le Cardinal lui dit : que le Pape lui avoit ordonné de mettre un peu de vin dans ſon eau, parce que l'eau pure lui gâtoit l'eſtomach ; Monſeigneur, reprit l'Evêque de Valence, il devoit bien plûtôt vous ordonner de mettre de l'eau dans votre vin ; & ſur ce que dans la même conférence qui ſe tint à Vienne, M. de Grenoble lui dit d'un ton Apoſtolique, ſur quelque choſe qui regardoit la conduite de leurs Dioceſes, qu'il n'étoit pas venu là pour le gâter ; ny moy, Monſeigneur, reprit M. de Valence, pour vous canoniſer. Un jour qu'il vint à Grenoble, voir Madame de la Baume, elle lui dit, en parlant d'elle-même, que quand une femme approche de ſa cinquantaine, elle ne doit ſonger qu'à ſa ſanté, dites, Madame, reprit M. de Valence, quand elle s'en éloigne. C'eſt grand dommage que Montreuil qu'il avoit auprès de lui, n'ait pas ramaſſé toutes les choſes vives & ſingulieres, dont ſa converſation ordinaire & toute ſa vie ont été remplies. Pour moi j'en ai dit tout ce que j'en ai pû apprendre par une longue & étroite familiarité. Je vais écrire à préſent une ſuite d'Avantures qui ne

P ij

seront peut-être pas moins interessantes. On y verra par quel enchaînement de circonstances bizarres, le Marquis d'Arquien, Pere de la Reine de Pologne, n'a jamais pû parvenir à être Duc.

Fin du septième Livre.

MEMOIRES POUR SERVIR A L'HISTOIRE DE LOUIS XIV.

LIVRE HUITIE'ME.

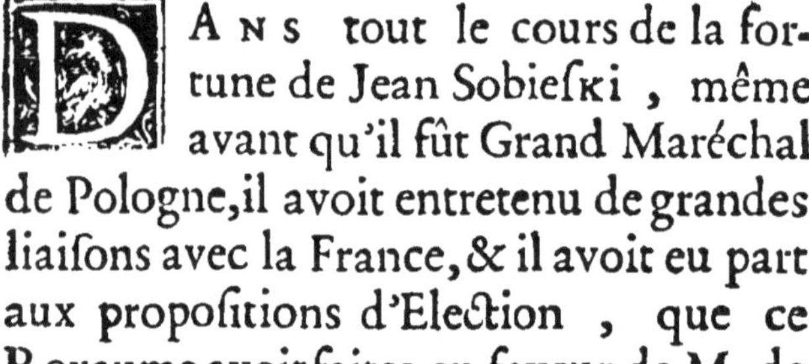

DANS tout le cours de la fortune de Jean Sobieſki, même avant qu'il fût Grand Maréchal de Pologne, il avoit entretenu de grandes liaiſons avec la France, & il avoit eu part aux propoſitions d'Election, que ce Royaume avoit faites en faveur de M. de Longueville.

Le Roy s'étoit engagé d'aſſiſter ce Grand Maréchal dans tous les moyens poſſibles pour le faire Roy lui-même ; &

l'engager, supposé qu'il ne pût pas y parvenir, de donner ses suffrages & son party à l'Election que la France protegeroit; & que supposé que la profession publique qu'il faisoit d'être à la tête du parti que la France soûtenoit, lui fît des affaires dans son Païs, qui l'obligeassent d'en sortir, n'ayant pû se faire Roy luy-même, ou mettre la Couronne sur la tête de celui que la France protegeroit; supposé, dis-je, que par l'échoüement de ces deux partis, il fût obligé de sortir de Pologne, après l'Election d'un autre, le Roy de France luy avoit promis, non seulement des établissemens considérables en France: mais s'étoit obligé de le faire Duc, s'il prenoit le party de mener une vie tranquille, & de le faire Maréchal de France, s'il vouloit continuer en France le métier de la Guerre, auquel il avoit si bien réüssi dans les Guerres de Pologne. De sorte qu'il étoit naturel qu'étant devenu Roy, & la Reine sa Femme, souhaitant passionnément l'élevation de son Pere en France, Sa Majesté Polonoise tournât du côté du Marquis d'Arquien son beau-Pere, l'élevation dont il n'avoit plus besoin depuis qu'il étoit monté sur le Trône.

Ce Prince en écrivit au Roy, qui luy répondit gratieusement qu'il seroit très-aise de trouver l'occasion de lui marquer dans le Pere de la Reine, la consideration qu'il avoit toûjours euë pour lui; que très-volontiers il feroit le Marquis d'Arquien Duc; mais que pour cela il faloit préalablement qu'il se mît en état de recevoir cette grace par l'acquisition d'une Terre qui pût soûtenir le titre de Duché, le Marquis n'en ayant présentement aucune dans sa Maison qui pût convenir à cette dignité. Le Marquis de Bethune partit pour être Ambassadeur auprès du Roy son beau Frere, il avoit eu connoissance de cette promesse, supposé que le Grand Maréchal eût été obligé de se retirer en France; & sans prendre connoissance des vûës que le Roi de Pologne avoit pour le Marquis d'Arquien, il songeoit à rapprocher les moyens de tourner en sa faveur toutes les dispositions que l'on avoit eues de faire cette grace, comme je viens de dire, au Roy de Pologne.

M. de Seignelay étoit intime ami du Marquis de Bethune. C'étoit lui & M. de Colbert ausquels il avoit fait part de ce projet, qui avoient promis d'en ménager les conjonctures. La réponse que le Roy avoit faite au Roy de Pologne sur le Marquis d'Arquien, étoit inconnuë au Marquis de Bethune, & connuë de M. Colbert. Le Roi même eût eu plus d'inclination d'élever le dernier que le Marquis d'Arquien, qui étoit domestique de Monsieur.... De plus, cette Terre pour donner un titre en faveur du dernier ne s'achetoit point. Je ne sçai si pour favoriser les interêts du Marquis de Bethune, M. Colbert lui-même, ne traversoit point cet objet; & le Roy enfin fixé à ne pas faire deux Ducs à la sollicitation du Roi de Pologne, étoit résolu de faire celui des deux que sa Majesté Polonoise lui demanderoit; & jusques-là, le Roi de Pologne ignoroit totalement les desseins du Marquis de Bethune son beau Frere, & songeoit véritablement à faire acheter une terre au Pere de la Reine.

Il arriva en ce tems-là à Varsovie un Carme François, qui fit demander au Roi la permission de lui parler en particulier. Après quelque difficulté pour obtenir son audiance, qu'il eut enfin, ayant fait dire qu'il s'agissoit d'une affaire particuliére, dont il importoit infiniment à Sa Majesté Polonoise d'être informée, ce Pere remit au Roi une Lettre dont le sens portoit : que celuy qui avoit l'honneur d'écrire à Sa Majesté, n'ayant pas celui d'être connu d'elle, se trouvoit obligé, aux dépens de la réputation de sa Mere, de faire souvenir Sa Majesté, qu'étant en France au sortir de l'Académie, il avoit eu commerce avec une belle femme, qui parce qu'elle étoit mariée avoit fait paroître comme de son Mari, un Fils qu'elle avoit eu l'honneur d'avoir de Sa Majesté; que ce Fils avoit eu des biens de ce prétendu Pere, la seule fortune d'achetter la charge de Sécretaire des Commandemens de la Reine de France; que puisque la fortune & le mérite du Roi avoient mis le Pere sur le Trône; celui qui avoit l'honneur de se trouver & de s'avoüer son Fils, avoit lieu d'esperer quelqu'élevation : qu'au surplus il avoit l'avantage d'être protegé & consideré de la Reine, à laquelle il avoit fait confidence, non-seulement de ce qu'il étoit, mais de la priére qu'il faisoit à Sa Majesté Polonoise, & qu'en le reconnoissant pour son Fils, la Reine seroit fort contente de contribuër de son côté à la Priére qu'il lui faisoit de demander au Roy de le faire Duc & Pair.

Cette Lettre étoit signée Brisacier, Secretaire des Commandemens de la Reine Marie Therese, & portoit que le Carme auroit l'honneur d'entretenir Sa Majesté de quelques circonstances ausquelles il supplioit le Roy d'avoir attention ; & tout de suite le Carme lui remit deux Lettres, l'une de la Reine, dans les termes du monde les plus forts pour obliger S. M. Polonoise de demander au Roy, son Mary, la Grace de faire Brisacier Duc ; & l'autre étoit une Lettre de Change de cent mille écus payable à Dantzic, aux ordres du Roy de Pologne ; tout cela étoit accompagné d'un très-beau Portrait de la Reine de France, dont le cadre étoit orné de quantité de diamans ; & ce Portrait que le Carme luy remit étoit au moins de vingt ou vingt-cinq mille écus.

Le Roy surpris d'une avanture si nouvelle, ne se souvint ni de M. Brisacier, ny d'avoir crû avoir un Fils : mais comme dans le tems de ses premiers voyages en France, il avoit eu commerce avec plusieurs femmes de moyenne vertu, il étoit possible que tout ce que contenoit la lettre, signée BRISACIER, fût vrai. Le Roy commença par se saisir du Portrait, envoya à Dantzic sçavoir si la Lettre de Change, dont il prit copie, étoit de l'argent comptant; & lors qu'il eut appris qu'effectivement rien n'étoit meilleur que ladite Lettre de Change, ce Prince fit réflexion qu'au bout du compte cent mille écus étoient toûjours aussi bons à prendre que le Portrait qu'il avoit mis à part ; que la Lettre de la Reine de France étoit une chose effective qui ne lui laissoit quasi pas douter que Brisacier ne pût être son Fils ; & remit au Carme une lettre pour le Roy, qui contenoit partie de ce que contenoit celle de Brisacier, & le suplioit d'avoir égard qu'ayant un fils en France qu'il vouloit reconnoître, il conjuroit Sa Majesté de vouloir l'honorer de ses Graces, & de vouloir bien, à sa priére, le faire Duc. Moyennant cette Lettre Sa Majesté Polonoise eut l'industrie de tirer la Lettre de Change. Ce Prince aimoit l'argent, & ne perdit point de tems à envoyer à Dantzic prendre les cent mille écus qu'elle portoit.

La surprise du Roi ne fut pas médiocre, quand il reçût la lettre du Roy de Pologne. Brisacier n'étoit ni d'une figure, ni n'avoit jamais été regardé que comme un sujet très-médiocre, que l'on trouvoit même honoré de l'Emploi de Secretaire des Commandemens de la Reine, qu'il exerçoit. Le Roy, qui sçavoit les prétentions de Bethune, & celles que le Roy de Pologne lui avoit témoignées pour son Beau-Pere, ne laissoit pas de trouver assez singulier, que de la même part, on lui demandât trois graces considérables de la même nature.

Sa Majesté tint le cas secret, vêcut avec Brisacier comme de coûtume, & écrivit au Marquis de Bethune de découvrir si effectivement le Roy de Pologne étoit persuadé que Brisacier fût son Fils.

Le Marquis prit le tems que le Roy étoit de bonne humeur à la chasse. Oserai-je, Sire, lui dit-il, demander à Votre Majesté ce que c'est qu'un nommé Brisacier, qui fait courre le bruit en France, qu'il a l'honneur d'être votre Fils; & que votre Majesté, prête à le reconnoître, a demandé au Roy mon Maître, d'élever à la plus grande dignité de ſon Royaume.

Le Diable m'emporte, dit le Roy, ſi je ſçai ce que c'eſt que Monſieur ni Madame Briſacier. Je n'étois pas chaſſe quand j'étois en France, y ayant de bonnes & de mauvaiſes fortunes; & tout de ſuite le Roy lui conta ce que contenoit la Lettre de Briſacier, les éclairciſſemens qu'il lui donnoit ſur ſa naiſſance, la circonſtance de la Lettre de Change de cent mille écus, & celle du Portrait de la Reine enrichi de diamans; & que ce qui l'avoit le plus déterminé à croire que ledit Briſacier étoit véritablement ſon Fils, c'étoit une Lettre de la Reine de France qui lui aſſuroit qu'elle le protegeoit, & paroiſſoit avoir une extrême conſidération pour lui.

Le Marquis de Bethune lui dit tout ce qu'il ſçavoit des talens, & de la figure du Sieur Briſacier, bien capable d'avoir fait une impoſture qu'il étoit néceſſaire d'approfondir. Au retour de la chaſſe, le Roy lui mit l'original de la Lettre de la Reine de France, en lui diſant: Voyez, Monſieur, ſi je puis moins faire pour un homme qui se dit mon Fils ; & qui m'est recommandé aussi fortement par une Princesse, de la pieté, de la vertu, & du Rang de la Reine.

Le Marquis de Bethune envoya l'original de cette Lettre au Roy qui passa chez la Reine, & lui dit : Voyez, Madame, ce que c'est que cette Lettre. La Reine reconnut son seing, & lui dit, c'est mon écriture ; & à mesure qu'elle la lisoit, sa surprise augmentoit, & continua de dire qu'elle n'avoit jamais pensé à une telle impertinence ; qu'elle ne sçavoit ce que c'étoit, & qu'il faloit que Brisacier fût devenu fol ; qu'apparemment le fripon lui avoit fait signer cela, en lui présentant des lettres de complimens, que l'on signe d'ordinaire sans les voir, parce que ce ne sont que des lettres d'usage dont le stile est toûjours le même, & qui ne signifient rien : hé bien ! Madame, dit le Roy, prenez garde dorénavant à ce qu'on vous fait signer ; & j'exige de vous que vous ne direz rien du tout de cette avanture à ce fol de Brisacier. Peu de jours après le Roy le fit arrêter, & l'envoya à la Bastille ; on prit tous ses papiers, &

on prit tous ſes papiers, & on l'interrogea.

Ce petit extravagant avoüa qu'il avoit imaginé toute cette belle hiſtoire. Il conta comme quoi il avoit engagé un Carme de ſa connoiſſance à porter la lettre qu'il avoit fait ſigner à la Reine, ſans qu'elle ſçût ce que c'étoit; il n'oublia pas la circonſtance du Portrait, & de la Lettre de change de cent mille écus. Le Roy envoya les interrogations & les dépoſitions du tout à Sa Majeſté Polonoiſe, qui connut ſi bien la fauſſeté de l'engagement où l'on avoit voulu le mettre, qu'il fit des excuſes au Roy de ſa crédulité.

Quand Briſacier eut fait quelque pénitence à la Baſtille, on le mit en liberté comme un fol, avec ordre de ſortir de France. Son premier ſoin fut de courir après la Lettre de Change de cent mille écus que le Roy de Pologne avoit touchée; il ſe rendit à Varſovie pour eſſayer d'en raporter quelque choſe. Le Roy le reçut comme un fripon & comme un impoſteur. Cependant ſes créanciers firent tant de juſtes repréſentations à Sa Majeſté Polonoiſe, qu'il promit d'en payer quelques-uns.

Les Princes ont toûjours de la peine à rendre ce qu'ils ont touché. On donna cinq à ſix cens piſtoles à ce malheureux, qui paſſa en Moſcovie, où il mourut, dans le deſſein d'aller aux Indes chercher la fortune qu'il n'avoit pû faire en Europe ; & le Roy peu à peu, & dans tous les plus mauvais & les plus reculez effets qu'il pût avoir de tems en tems, & dans l'eſpace de quatre ans rendit aux créanciers la ſomme qu'il avoit touchée.

Le ridicule d'avoir demandé les plus grandes dignitez du Royaume pour un impoſteur, rallentit dans le Roy & la Reine l'empreſſement de demander la même grace pour le Pere de la Reine, qui s'étoit rendu en Pologne. L'affaire de Strick, la diſſipation des troupes qui devoient paſſer au ſervice d'Akeli, & les broüilleries qui obligerent de rappeller le Marquis de Bethune, lui firent abſolument perdre les vûës, dont il avoit fait confidence au Marquis de Seignelay. Les Cours de France & de Pologne ne vêcurent plus dans les mêmes liaiſons d'interêt ; & la Reine ne put avoir dans tous ces contre-tems la ſatisfaction qu'elle avoit deſirée, de voir ſon Pere Duc. Quelque tems après l'on décora ſa Perſonne

ſonne du Cordon bleu, & on lui procura de la part du Royaume de Pologne un Chapeau de Cardinal, avec lequel il eſt mort, dans une extrême vieilleſſe à Rome, auprès de la Reine, ſa Fille, qui s'y retira après la mort du Roy ſon Mari ; & après avoir perdu l'eſperance de mettre aucun des Princes ſes Fils ſur le Thrône de Pologne.

J'ai crû ce trait d'Hiſtoire aſſez important pour en conſerver la mémoire à la Poſtérité ; mais me voici enfin à ce que j'ay promis dès le commencement de ces Mémoires à la Vie du Cardinal de Boüillon.

Fin du VIII. Livre.

MEMOIRES POUR SERVIR A L'HISTOIRE DE LOUIS XIV.

LIVRE NEUVIE'ME.

CINQ Conclaves où le Cardinal de Boüillon a fait voir sa capacité ; deux éxils assez longs qu'il a soûtenus avec fermeté ; les Evêchez de Liége & de Strasbourg qu'il n'a manquez que par les intrigues de ses ennemis ; le Cardinalat, la Charge de Grand Aumônier de France ; l'Abbaye de Cluny, dont il a eu la principale obligation à son habileté dans les affaires du monde ; les disgraces de sa fortune & ses faveurs me fourniront une belle matiere, pourvû que je sois instruit de toutes ces particularitez ; & je me vante que personne sur la terre ne l'est mieux que moi. Je suis ami du Cardinal depuis son enfance ; je l'ai suivi dans plusieurs de ses voyages ; j'ai été son Conclaviste à l'Exaltation du Pape Innocent XI. j'ai fait plusieurs Campagnes du Roy dans son Carrosse, & dans tous les temps il a eû peu de choses cachées pour moi. Feu M. de Turenne étoit le meilleur ami de ma mere, jusques-là qu'étant devenuë vieille, elle lui disoit, comment se peut-il faire, qu'ayant passé notre vie ensemble, vous jeune, moi jolie, vous ne m'ayez jamais dit pis que mon nom. Ainsi le Cardinal & moi avons été accoûtumez dès l'enfance à nous connoître, & si je l'ose dire, à nous aimer. J'ai déja dit qu'il commença à faire parler de lui par une querelle qu'il eut au College avec l'Abbé d'Harcourt qu'il soûtint vigoureusement. Le lendemain ma mere me demanda si j'avois été offrir mon Breviaire, je lui dis que non, & que l'Abbé d'Harcourt étoit de mes amis : Comment, me dit-elle, le Neveu de M. de Turenne ; courez vîte, ou sortez de chez moi. C'étoit une maîtresse femme, qui faisoit ma fortune. J'y allai, & depuis ce jour-là j'ai toûjours été attaché à lui; & jamais, ce qui est assez rare dans une amitié de plus de cinquante années, il n'y a eu le moindre froid entre nous. Je vais donc écrire des Mémoires que je commencerai dès sa plus tendre enfance, & je me garderai bien de lui en parler. Je m'instruirai à fonds dans nos conversations des choses que je ne sçai pas assez exactement; il aime assez à parler de ce qui le regarde, quand il parle à un ami particulier, & cela est fort naturel; & d'ailleurs je me veux réserver le droit de le blâmer quand il sera blâmable. Tous les hommes font des fautes, mais la plûpart n'aiment pas qu'on les avertisse; & sur-tout les grands Seigneurs qui sont acoûtumez aux loüanges. Je l'aime tendrement, mais j'aime encore mieux la verité; & tout mon attachement ne me fera jamais rien dire à son avantage qui ne soit vrai; aussi je ne cacherai rien de ce qui peut le justifier sur les prétendus Crimes qu'on lui a imputez; & sans manquer au respect que je dois à ceux que Dieu a mis sur nos têtes, je dirai simplement les choses comme elles se ſont paſſées. Je dirai de plus, que je n'ai pas été élevé dans une Bouteille ; ma mere, quoique femme d'un homme de Robe, avoit tous les jours toute la Cour chez elle. Nous logions dans une belle Maiſon à la porte du Louvre ; d'ailleurs, j'étois le dernier de mes freres ; & comme ma Mere m'a eû dans un âge aſſez avancé, je la faiſois paroître encore jeune, ce qui faiſoit ſans doute qu'elle m'aimoit plus que mes freres. Elle envoya l'aîné, Conſeiller à Toulouſe, où nous avions beaucoup de parens. Le ſecond, qu'on appelloit Balleroy, alloit à la guerre, où M. de Turenne, le Heros du ſiécle, le faiſoit valoir en toutes occaſions ; & moi, j'étois avec elle. Tous les matins j'écrivois au chevet de ſon lit toutes les lettres qu'elle écrivoit aux plus grandes Princeſſes de l'Europe, avec qui elle avoit commerce ; & principalement à la Princeſſe Marie, Reine de Pologne, ſon amie particuliere, & toutes ſes lettres parloient d'affaires ſouvent très-importantes ; de ſorte que j'ai été formé de bonne heure aux intrigues de la Cour. Tout cela m'étoit fort avantageux, & devoit me former l'eſprit ; mais d'un autre côté, ma mere avoit tant de foibleſſe pour moi, qu'elle étoit continuellement à m'ajuſter. Elle m'avoit eu à 40. ans paſſez ; & comme elle vouloit abſolument encore être belle, un enfant de huit à neuf ans qu'elle menoit partout, la faiſoit paroître encore jeune. On m'habilloit en fille toutes les fois que M. le Duc d'Orleans venoit au logis, & il y venoit au moins deux ou trois fois la ſemaine. J'avois les oreilles percées, des diamants, des mouches, & toutes les autres petites afféteries, auſquelles on s'accoûtume fort aiſément, & dont on ſe défait fort difficilement. Monſieur qui aimoit auſſi tout cela, me faiſoit toûjours cent amitiez, dès qu'il arrivoit, ſuivi des Niéces du Cardinal Mazarin, & de quelques filles de la Reine. On le mettoit à ſa toilette, on le coëffoit ; il avoit un corps pour lui conſerver ſa taille, le corps étoit en broderie. On lui ôtoit ſon Juſte-au-corps, pour lui mettre des manteaux de femmes & des jupes, & tout cela ſe faiſoit, dit-on, par l'ordre du Cardinal, qui vouloit le rendre effeminé, de peur qu'il ne fît de la peine au Roi, comme Gaſton avoit fait à Louis XIII. mais la nature a été la plus forte en lui. Quand il a fallu ſe batre, il s'eſt montré du ſang de France, il a gagné des Batailles, je l'ai vû pendant des Campagnes entieres quinze jours à cheval, en ſuivant les ordres du Roi, expoſant toute ſa beauté à un ſoleil qui ne l'épargnoit pas. Quand Monſieur étoit habillé & paré, on jouoit à la petite Priſme, c'étoit le jeu à la mode, & ſur les ſept heures on aportoit la collation, mais il ne paroiſſoit point de valets. J'allois à la porte de la chambre querir les plats, & les mettois ſur des guéridons autour de la table; je donnois à boire, dont j'étois aſſez payé par quelque baiſer au front, dont ces Dames m'honoroient. Madame de Brancas y amenoit ſouvent ſa Fille, qui a été depuis la Princeſſe d'Harcourt. Elle m'aidoit à faire ce petit ménage; mais quoiqu'elle fût fort belle, les Filles de la Reine m'aimoient mieux qu'elle ſans doute; parce que malgré les cornettes & les jupes, elles ſentoient en moi quelque choſe de maſculin. J'oubliois à dire que Madame de Brancas & ma mere envoyoient joüer leurs enfans à cul nud ſur un petit degré dérobé, perſuadées que cela les feroit gagner. J'ai crû devoir rapporter ici toutes les bagatelles, afin de fonder la créance de ceux qui liront ces

Mémoires , en leur apprenant que j'ai paſſé ma vie avec des gens qui ont pû m'inſtruire de tout. J'ajoûterai que dans la ſuite je me ſuis trouvé dans la familiarité de tous les Miniſtres , à l'exception de M. de Louvois qui me haïſſoit fort , à cauſe qu'il me croyoit attaché au Cardinal de Boüillon. Je n'ai pourtant pas eû grand commerce avec M. Colbert , je n'aimois pas à aller chez lui , il ſembloit qu'il fut toûjours fâché ; mais je voyois ſouvent M. le Tellier , encore plus ſouvent M. de Lionne , à cauſe de ſes Enfans qui m'aimoient fort, & M. de Pomponne qui avoit grande obligation à ma Mere. Elle avoit vingt ans durant montré au Roy de belles lettres qu'il lui écrivoit de Suede , & cela n'avoit pas peu contribué à le faire Miniſtre. Il eſt vray que ces belles lettres il étoit trois mois à les faire , & quand il fut en place , on s'apperçût bien-tôt que c'étoit un homme d'un genie aſſez court. Je voyois auſſi M. de Croiſſy qui avoit plus de capacité qu'on n'a crû dans le monde. Son air groſſier , pour ne pas dire brutal , lui a fait tort. Perſonne n'écrivoit mieux, & toutes ſes dépêches qu'il dictoit lui-même ſans le ſecours de ſes Commis étoient admirables.

admirables. Bergeret ſon premier Commis ſe donnoit là-deſſus une vanité ridicule ; il alloit tous les jours écrire ſous ſon Maître les Lettres qu'il lui dictoit, & n'étoit que ſimple Scribe, quoiqu'il eût deux mille écus d'appointemens ; il n'y changeoit pas une parole, & cependant lorſqu'on parloit des belles dépêches de M. de Croiſſy & qu'on le flattoit d'y avoir quelque part, il ſe donnoit un air modeſte, qui laiſſoit entendre ce qui n'étoit pas, ſans pourtant qu'on pût l'accuſer de s'en être vanté groſſierement. J'ai moi-même été trompé comme les autres juſqu'au jour, qu'à la honte de nôtre ſiécle, l'Academie Françoiſe le préfera à M. Ménage. Alors il me conſulta ſur une Harangue que M. d'Harcourt ſon ami luy avoit faite, & je connus ſon incapacité par les manieres innocentes & niaiſes dont il reçût mes corrections, dont il n'entendoit pas la moitié. Monſieur de Pontchartrain devenu Chancelier, étoit auſſi plus que pas un de mes amis. Nous avons étudié enſemble ; & ſon pere Preſident des Comptes ſigna parmi mes parens quand on me fit émanciper. Après tout ce verbiage, dont je me ſerois peut-être bien passé , je viens à mon dessein.

Emmanuël Theodose de la Tour d'Auvergne, Cardinal de Bouillon, naquit dans le Château de Turenne, le 24. Août 1643. quoique dans toute l'Italie il passe pour être né à Rome en 1644. dans le tems que le feu Duc de Boüillon son Pere, s'y rendit pour être Généralissime des Troupes du Pape Urbain VIII. Sa Femme Eleonore de Berghues, Princesse, dont la Pieté solide égaloit le courage, la beauté & la naissance, le suivit avec quelques-uns de ses Enfans, & peut-être que le Cardinal de Boüillon ne s'est pas opposé à cette créance commune, dans la pensée qu'étant cru né Romain, on l'en aimeroit mieux dans Rome en le croyant compatriote. Sa Maison est regardée comme une des plus Illustres de l'Europe. Justel & Baluze m'en ont fait la Généalogie, & la font descendre des Ducs d'Aquitaine, Comtes d'Auvergne ; & quoique le Bouchet, fameux Généalogiste, ait paru en plusieurs occasions peu favorable à M. de Boüillon, il ne laisse pas d'avoüer qu'ils descendent en ligne directe de Geraut de la Tour, qui vivoit en 937. qu'il dit bien être de la Maison d'Auvergne, mais non pas descendre d'Afret, Comte d'Auvergne & Duc d'Aquitaine, dont Justel les a fait descendre le premier, mais de Bernard, Vicomte d'Auvergne, qui vivoit vers l'an 900. Une si grande ancienneté jointe à quinze alliances, avec la Maison Royale, mettent la Maison de Boüillon au-dessus de beaucoup d'autres qu'on s'efforce tant de faire valoir.

Quelque temps après la Naissance d'Emmanuel Theodose, on le destina être Chevalier de Malte, malgré la répugnance de la Duchesse de Boüillon, sa Mere, qui trouvoit fort dangereux pour le Salut, un état de vie qui engage à des vœux Religieux, dont l'observation est si difficile, par le commerce du grand monde & par la vie Militaire. Il porta le nom de Chevalier, jusqu'à ce qu'il embrassa l'état Ecclesiastique. Au commencement de l'année 1644. le Duc & la Duchesse de Boüillon, sous prétexte d'un Pelerinage au Puy, partirent de Turenne & passerent en Italie; ils remirent le petit Chevalier entre les mains de Madame de Duras sa Tante, que le Duc aimoit plus tendrement que ses autres Sœurs, ce qui a bien paru dans la suite. Madame de Duras ayant plus profité de l'amitié & de la protection de M. de Turenne, qui pensoit sur leur sujet, comme son Frere, que tous ses autres Neveux, Fils de ses Sœurs. Madame de Duras garda chez elle le petit Chevalier de Boüillon jusqu'en 1647. que le Duc de Boüillon étant revenu à la Cour après la paix d'Italie, sollicita le dédommagement qu'on luy avoit promis pour la Souveraineté de Sedan.

Les Livres sont pleins du Traité que M. de Cinq-Mars, Grand Ecuyer de France, fit avec le Roy d'Espagne, pour chasser le Cardinal de Richelieu. J'ai été bercé de toutes les particularitez de cette affaire, ma Mere étoit de tous les secrets de la Cour. La Princesse Marie de Gonzague, qui a été depuis Reine de Pologne, & son amie intime, lui avoit promis de faire mon Pere Garde des Sceaux, après qu'elle auroit épousé M. le Grand, qui devoit être Connetable. Elle étoit confidente de leurs amours, mais mon Pere, alors Intendant de Languedoc, ne sçavoit rien de tout cela : il eut ordre d'aller chez M. le Grand, qui avoit été arrêté, & de saisir tous ses papiers, même ceux qui étoient dans ses poches. Il le trouva dans sa chambre à Montpellier, se promenant à grands pas, devant un grand feu, où il avoit jetté beaucoup de papiers. M. de Choisy, lui dit-il, en le voyant, vous seriez bien fâché de trouver tout ce que je viens de brûler. Enfin tout fut découvert.

M. le Duc d'Orleans, Oncle du Roi, avoit signé le Traité d'Espagne, & l'on prétendoit même sur de grandes apparences, que le Roi, qui n'aimoit plus le Cardinal de Richelieu, qui le craignoit, avoit tout aprouvé. Ce Prince, dont on a dit avec raison, qu'il étoit grand dans les petites choses & petit dans les grandes, avoit eu envie de temps en temps de se défaire de ce Cardinal, & n'avoit jamais eu la force de le faire. M. le Grand eut le col coupé, M. de Thou l'eut aussi, quoiqu'il n'eût point signé ce Traité, mais parce qu'en ayant eu la connoissance, il n'en avoit rien dit. M. le Duc d'Orleans en fut quitte pour aller à Blois, & M. de Boüillon, qui commandoit l'Armée du Roi en Italie, fut arrêté & conduit à Lyon, au Château de Pierre Encize ; il nioit fort d'être entré dans le Traité, & il ne se trouva point de preuves contre lui; mais comme Fontrailles, Agent de M. de Cinq-Mars, l'avoit nommé parmi ceux qui n'aimoient pas le Cardinal de Richelieu, & que Monsieur lui avoit fait promettre de lui donner retraite dans Sedan, en cas que le Roi vînt à mourir, on le menaça de luy faire un mauvais parti, s'il ne faisoit rendre au Roi la Ville de Sedan, dont on lui donneroit un dédommagement considerable. Le Cardinal Mazarin qui commençoit à entrer dans les affaires, sous les ordres du Cardinal de Richelieu, menagea l'accommodement. Sedan fut délivré au grand regret d'Elizabeth Nassau, Mere du Duc de Boüillon, qui vouloit plûtôt souffrir les dernieres extremitez & hazarder la vie son Fils. Le Duc de Boüillon fut mis en liberté & relegué à Turenne, où il demeura jusqu'à la mort du Roi Louis XIII. Il fut alors persuadé que le Cardinal Mazarin, tout puissant sur l'esprit de la Reine Regente, lui feroit rendre justice, sur le dédommagement qu'il lui avoit promis de la part du Cardinal de Richelieu. Il revint à la Cour avec de grandes esperances. Il y fut assez mal reçû. On le regarda comme un homme qu'on ne craignoit plus, depuis qu'il n'avoit plus Sedan; & sa présence devint bientôt importune. Il s'en apperçût & s'en alla à Turenne, où il negocia pendant l'hiver le Generalat des Troupes du Pape. Il passa en Italie, & y étant demeuré jusqu'en 1647. il ne fut point en état de solliciter son dédommagement. Il revint à la Cour, où il fut traité d'abord assez bien, & ensuite si mal qu'il se vit obligé à suivre l'exemple de M. le Prince de Conty, qui s'étoit déclaré pour la Ville de Paris, contre le Roi; le Duc de Longueville se déclara aussi. On mena les Enfans de M. le Duc de Boüillon à l'Hôtel de Ville, pour y servir d'ôtage de la fidelité de leur Pere. Mademoiselle de Longueville, Sœur des Princes de Condé & de Conty, fut aussi conduite à l'Hôtel de Ville, pour y servir d'ôtage. Elle y accoucha du Comte de saint Paul, qui fut tenu sur les Fonts de Baptême par le Prevôt des Marchands & Echevins de la Ville de Paris, & par Madame de Boüillon qui le nommerent Charles Paris. C'est lui qui fut tué au passage du Rhin en 1672. dans le tems qu'il alloit tâcher de se faire Roy de Pologne.

Pendant que M. de Boüillon étoit déclaré l'un des Generaux de la Ville de Paris, M. de Turenne qui commandoit l'armée du Roy en Allemagne, la faisoit confederer contre la Cour ; mais peu après par les intrigues de M. le Prince qui avoit conservé beaucoup de crédit sur ces Troupes qu'il avoit commandées long-tems, M. de Turenne s'en vit abandonné, & fut obligé de se retirer en Hollande.

La guerre de Paris ne dura pas long-tems ; la Ville se soumit au Roy ; il y eut une Amnistie generale, & le Duc de Boüillon & le Vicomte de Turenne y furent nommez expressément ; mais cette paix ne fut pas longue. Le Cardinal Mazarin fatigué de la maniere imperieuse dont il étoit traité par M. le Prince, qui vouloit faire donner à ses creatures toutes les Charges & tous les Gouvernemens, persuada à la Reine-Mere & Regente (qu'il gouvernoit absolument) de faire arrêter les Princes ; (car M. le Prince de Conty & le Duc de Longueville étoient unis inseparablement par le sang & par l'interêt.) Il s'assûra en secret, avant que de l'entreprendre, du parti des Frondeurs, & il gagna le Coadjuteur de Paris depuis le Cardinal de Retz & le Duc de Beaufort, & fit conduire les Princes au Château de Vincennes, dans le tems qu'ils s'y attendoient le moins. Ils avoient reçû plusieurs avis secrets dont ils s'étoient moquez., quoiqu'ils prissent la précaution de n'aller jamais tous trois ensemble au Louvre. M. de Longueville étoit alors à une petite maison à Chaillot où il prenoit des eaux. Quand toutes les mesures furent prises, la Reine-Mere écrivit le soir à M. de Longueville, que s'il vouloit la venir trouver le lendemain, elle luy donneroit contentement sur le Gouvernement du Pont de l'Arche qu'il demandoit depuis long-tems; qu'elle étoit incommodée, & ne tiendroit pas Conseil ce jour-là. Il n'y manqua pas, & fut bien étonné quand il vit les deux Princes déja arrivez. Le Cardinal Mazarin entra aussitôt, & leur dit que la Reine achevoit quelques dépêches. Un moment après, le vieux Guitaut Capitaine de ses Gardes entra qui les arrêta de la part du Roy, & les pria de passer par un petit escalier dérobé. M. le Prince en voyant cet escalier fort obscur & plein de Gardes du Corps la Carabine haute, luy dit

Guitaut, cecy a bien l'air des Etats de Blois. Non, non, Monseigneur, luy dit-il, je ne m'en mêlerois pas. Ils descendirent, & furent mis entre les mains du Comte de Miossens, Capitaine-Lieutenant des Chevaux Legers qui en devint Maréchal d'Albret ; il les mena à Vincennes, & dans le chemin le Caròsse s'étant rompu, M. le Prince, pendant qu'on le racommodoit, dit tout bas à Miossens, voicy une belle occasion pour un Cadet de Gascogne. Miossens ne fut point ébranlé, & mena ses prisonniers à Vincennes.

Dès que les Princes eurent été arrêtez, le Duc de Boüillon & M. de Turenne se déclarerent hautement pour leur liberté. Le Duc s'en alla à Mouron prendre Madame la Princesse, & la conduisit à Bordeaux avec trois ou quatre cens hommes de la Vicomté de Turenne. M. de Turenne de son côté s'en alla à Stenay ; la Reine-Mere envoya aussi-tôt le Sieur de Carnavalet Lieutenant des Gardes du Corps arrêter la Duchesse de Boüillon, qui logeoit dans la vieille ruë du Temple, & qui étoit prête d'accoucher. Dès que ses Suisses virent venir les Gardes du Corps, ils fermerent la porre, & la vinrent avertir. Elle n'eut que le tems de dire à un Valet de Chambre de faire ſauver ſes enfans. Elle avoit alors quatre garçons; le petit Chevalier de Boüillon dont j'écris la vie étoit le troiſiéme. Le Valet fit mettre promptement les chevaux au Caroſſe pendant qu'on ouvroit les portes aux Gardes du Corps qui ſe poſterent ſur l'eſcalier ; mais il paſſa hardiment au milieu d'eux avec les quatre enfans, en leur diſant : Allez-vous-en, Meſſieurs nos petits Princes ont bien d'autres affaires qu'à joüer, les voilà priſonniers ; faiſant accroire aux Gardes que c'étoit des enfans du quartier qui étoient venus pour joüer avec eux. Les Gardes les laiſſerent paſſer ; il monta en Caroſſe avec eux, & les mena chez le Maréchal de Goeſbriant ami de la maiſon. Le Marquis du Becq ſon frere étoit le meilleur ami de M. de Boüillon. Ils n'y demeurerent que quelques jours, & la Maréchale, pour les mieux cacher, les fit habiller tous quatre en filles, & les mena dans une petite maiſon qu'elle loua auprès de Belle-Chaſſe, quartier où il n'y avoit alors que des Jardins. Ils y demeurerent près de deux mois, & y penſerent être découverts par l'imprudence de ceux qui les servoient. Ils leur laisserent faire dans le Jardin un petit Fort que les uns attaquoient, & que les autres deffendoient avec grand bruit. Ces enfans n'étoient pas nez pour vivre en filles. Une Jardiniere du voisinage les vit pardessus la muraille, & dit à ses voisines : Il y a là dedans de plaisantes petites filles qui font les Gensd'armes. Le Marquis du Becq qui les venoit voir fort souvent en fut averti, & resolut de les changer de lieu. Cependant la Duchesse de Boüillon qui étoit accouchée, & en bonne santé, songea à se sauver pour aller trouver son mari à Bordeaux. Mademoiselle de Boüillon sa belle sœur & sa fille aînée qui a été depuis Duchesse d'Elbeuf joüoient toute la journée avec Carnavalet. La Duchesse les quittoit souvent pour aller écrire, disoit-elle, ou prier Dieu. Elle se cachoit les soirs dans quelque coin de la maison pour mettre en peine Carnavalet qui la trouvoit toûjours; & enfin elle l'y accoutuma si bien, que quand il ne la trouvoit pas d'abord, il ne s'en étonnoit pas. Un soir qu'elle avoit bien pris ses mesures, elle sortit par le soupirail de la cave avec sa fille aînée, pendant que Carnavalet joüoit au Reverſi. Un Gentilhomme de M. de Boüillon l'attendoit dans la ruë, & la conduiſit chez une de ſes amies, à qui il fit accroire que c'étoit une riche veuve qu'il venoit d'enlever. Elle paſſa le lendemain dans la maiſon d'un frere de Bartet, qui a été depuis Secretaire du Cabinet, & qui eſt mort en 1707. à Neuville auprès de Lyon chez le Maréchal de Villeroy, âgé de plus de cent ans. Elle ſe préparoit à partir en poſte déguiſée en homme pour ſe rendre à Bordeaux, lorſque ſa fille eut la petite verole. Elle ne put pas ſe reſoudre à la quitter en cet état-là, & cependant la Cour qui faiſoit faire de grandes perquiſitions fut avertie du lieu de ſa retraite. On vint l'arrêter pour la ſeconde fois pour la mener à la Baſtille, dont elle n'eſt ſortie qu'à la Paix. Carnavalet y fut mis auſſi pour le punir de ſa négligence. On accuſa Bartet d'avoir averti le Cardinal Mazarin du lieu où étoit Madame de Boüillon, & ce ſoupçon fut bien fortifié, lorſqu'on le vit peu de tems après Secretaire du Cabinet. Cependant le Marquis du Becq qui s'étoit chargé de faire ſauver les enfans de M. de Boüillon, les avoit fait partir tous quatre toûjours habillez en filles, & voulut les conduire luy-même jusqu'au-delà de la Loire, où ils n'avoient plus rien à craindre. Il les mena heureusement jusqu'auprès de Blois, où le petit Chevalier de Boüillon tomba malade si dangereusement, que le Marquis du Becq le confia à Madame de Flechine sa parente, qui avoit une assez belle maison près de Blois, la priant de le faire passer pour une de ses niéces. Cela n'étoit pas difficile; la beauté de son visage & la délicatesse de ses traits le pouvant fort aisément faire croire du beau Sexe. Madame de Flechine envoya chercher le Sieur Bellay fameux Medecin de Blois (qui est mort premier Medecin de feuë Mademoiselle) & fut obligée de luy dire le secret; il le garda même à Mr le Duc d'Orleans qui étoit retiré à Blois, & ne luy declara la verité qu'après que la Paix fut faite. Le petit Chevalier de Boüillon étant gueri, demeura chez Madame de Flechine toûjours habillé en fille, sans que personne se doutât de la verité de son Sexe; mais la Reine Regente & le Cardinal Mazarin ayant resolu d'aller assieger Bordeaux où Madame la Princesse s'étoit retirée ſous la conduite du Duc de Boüillon, & la Cour étant venuë à Blois, Madame de Flechine eut ſi grande peur, qu'on ne trouvât chez elle un fils de M. de Boüillon, & qu'on ne le conduisît au Siege pour le mettre à la bouche d'un Canon, & obliger peut-être ſon pere à rendre la Ville, qu'elle prit une reſolution qui paroîtroit fabuleuſe, ſi l'on ne ſçavoit pas qu'elle eſt veritable. Il y avoit dans le Parc de ſa maiſon, quoiqu'il ne fût pas fort grand, un petit Bois très-épais où elle avoit remarqué un gros Buiſſon fait en forme de voute, où l'on ne pouvoit entrer qu'en ſe trainant à terre ſous des ronces & des épines. Ce fut dans cette niche qu'elle fit entrer le petit Chevalier de Boüillon, après luy avoir fait quitter ſes habits de fille, & l'avoir habillé en garçon, d'une étoffe fort ſimple, afin qu'on le remarquât moins. Elle fit entrer avec lui ſon Valet de Chambre nommé Desfargues qui ne l'avoit pas quitté; elle leur donna du pain, du vin & de l'eau, un pâté, un paraſſol de toile pour les garantir de la pluie, & un oreiller. Desfargues en ſortoit le ſoir pour aller faire la ronde dans le Parc,

& observer s'il ne venoit personne pour enlever son Maître. La bonne Dame craignoit son ombre, persuadée que la Cour ne songeoit qu'à cette affaire-là. Elle soupçonna deux Capucins d'être espions du Cardinal Mazarin, parce que l'un d'eux avoit dans sa manche un mouchoir de toile fine avec des glands, ce qui étoit fort à la mode en ce tems-là, mais ne s'accordoit pas avec la simplicité Religieuse. Un soir que le Valet de Chambre étoit sorti du Buisson pour aller recevoir les petites provisions que Madame de Flechine luy apportoit elle-même, il fit un orage furieux accompagné de pluye & de tonnerre ; le petit Chevalier qui n'avoit que sept ans, & qui étoit seul dans son buisson, fut fort désolé en voyant un ver luisant, animal qu'il ne connoissoit point ; il crut que c'étoit le tonnerre : il cria à son Valet de Chambre qu'il aimoit fort, & qui vouloit rentrer dans le buisson, de prendre garde à luy. Desfargues prit aussi-tôt à la main le ver luisant, & rassûra le petit Chevalier, qui luy dit qu'un pareil tonnerre ne le feroit plus trembler. Un autre jour ils trouverent leur pâté tout plein

plein de fourmis ; ils ne laisserent pas d'en manger faute d'autre chose ; ils passerent huit, ou dix jours dans ce buisson, jusqu'à ce que la Cour étant partie de Blois, Madame de Flechine les fit cacher dans une Grange, & ensuite dans une petite Tour qui étoit au bout de son Parc où ils étoient enfermez toute la journée, s'occupant à faire de petits panniers d'ozier ; elle leur donna aussi la Vie des Saints, & quelquefois la Gazette que le petit Chevalier devoroit, parce qu'il y apprenoit quelquefois des nouvelles de Monsieur de Boüillon. Il fut un jour bien fâché de voir que la populace de Bordeaux s'étoit voulu révolter contre Madame la Princesse, & que les Ducs de Bouillon & de la Rochefoucault avoient eu bien de la peine à l'appaiser. Ils s'étoient servis pour cela d'un fils de Monsieur de Boüillon qui n'avoit que douze ans ; on l'appelloit alors Prince de Raucour, & il s'est appellé depuis le Chevalier de Boüillon, parce que celuy dont j'écris la vie, en embrassant l'Etat Ecclesiastique, prit le nom de Duc d'Albret. On mit un Busle au petit Prince de Raucour, une Cuirasse &

un Casque en tête, & monté sur un petit Bidet, il alla dans toutes les ruës de Bordeaux haranguer le peuple. Son esprit passoit son âge ; il est mort à l'âge de vingt-trois ans ; & selon les aparences, il eût égalé, s'il eût vêcu, les plus grands hommes de sa Maison.

Dans le tems que le Duc de Boüillon s'en alla à Bordeaux, il écrivit à M. de Turenne que le Cardinal de Mazarin avoit manqué à toutes les paroles qu'il luy avoit données ; que l'on ne le regardoit à la Cour que comme un miserable Solliciteur de Procès, & que s'ils ne trouvoient l'un & l'autre le moyen de se faire rendre Justice en se faisant craindre, ils pouvoient compter leur Maison abattuë & ruïnée : c'est ce qui obligea M. de Turenne à se remettre à la tête de l'Armée d'Espagne, & à la faire entrer en France. Il y avoit joint quelques Regimens d'Infanterie & de Cavalerie sur lesquels il avoit un pouvoir absolu ; il avoit hésité quelques momens à prendre le party de M. le Prince dont il n'avoit point sujet d'être content, ce qu'il luy avoit signifié en parlant à sa personne huit jours avant qu'il fût arrêté ; mais comme leur liaison étoit publique, &

que le ſujet de leur broüillerie étoit fort ſecret, il crut qu'il y alloit de ſon honneur de ſacrifier en cette occaſion ſon reſſentiment particulier, & ſe déclara hautement pour luy. Il s'avança en Picardie, & perdit la Bataille de Rhetel contre le Maréchal du Pleſſis Pralin. Le Duc de Boüillon de ſon côté fut plus heureux à Bordeaux : il ſoutint quelque tems la Guerre par ſon courage & par une action bien hardie. Il apprit que les Généraux de l'Armée du Roy avoient fait pendre quelques Officiers de ſes Troupes, il crut devoir uſer de repréſailles ; & dans le milieu de Bordeaux, il fit pendre ſans autre forme de Juſtice, un Officier des Troupes du Roy qui étoit priſonnier ſur ſa parole. Cela fit un bon effet, & l'on ſe fit quartier de part & d'autre.

Peu de tems après, les Princes furent mis en liberté, & la Paix fut faite. Le Duc de Boüillon & le Vicomte de Turenne y furent compris expreſſément. Le Duc, après avoir rendu Bordeaux, ſalua le Roy, & ſe retira à ſon Château de Longuais.

Cependant Madame de Boüillon ſortit de la Baſtille, & avec la permiſſion de la Reine prit le chemin de Perigord pour y aller trouver ſon mari. Elle étoit accompagnée de Mademoiſelle de Boüillon ſa belle-ſœur, & de ſa fille aînée, qui a été depuis Ducheſſe d'Elbeuf. Elle s'arrêta à Tours, & envoya un valet de Chambre nommé François, en qui elle avoit une grande confiance, à Madame de Flechine pour lui rendre mille graces, & la prier de lui remettre entre les mains le Chevalier de Boüillon. Madame de Flechine, qui ne connoiſſoit point l'écriture de Madame de Boüillon, & encore moins le Valet de chambre, lui répondit, qu'elle ne ſçavoit ce qu'on vouloit dire, & lui dit de ſe repoſer, & de manger. Elle alla cependant à la petite Tour dire à ſes deux priſonniers ce qui ſe paſſoit, & les fit monter au haut de la Tour, afin qu'ils puſſent voir dans le Jardin le nommé François, & le reconnoître. Cela fut bien executé, ils le reconnurent, deſcendirent, l'embraſſerent comme leur liberateur, & partirent avec lui pour aller à Tours ſur des chevaux de Païſans. M. le Cardinal m'a conté toutes ces petites particularitez, dont il ſe ſouvenoit avec plaiſir au bout de cinquante-ſix ans. Il m'a fait la deſcription de la Ville de Tours, & de l'Abbaye de Marmoutier, quoiqu'il n'y ait pas été depuis ; & il croyoit être encore ſur un certain grand Pont, où il trouva Madame de Boüillon qui répandit bien des larmes en l'embraſſant. Il ne reconnut point ſa Sœur, tant elle étoit changée de la petite vérole. Ils arrivérent heureuſement à Poitiers ; & il ſe ſouvient que pendant le voyage, Madame de Boüillon, qui étoit bonne Catholique, & Mademoiſelle de Boüillon, qui étoit bonne Huguenotte, avoient ſouvent des diſputes aſſez aigres ſur la Religion, vivant en toute autre choſe dans une parfaite union. Elles avoient l'une & l'autre beaucoup d'eſprit & de mérite ; le corps étoit bien different. L'une étoit belle & bien faite, & l'autre étoit laide & bonne.

Après quelque tems, Monſieur & Madame de Boüillon revinrent à la Cour, & furent fort bien reçûs. Le Cardinal Mazarin, pour leur marquer une parfaite réconciliation, les vint voir ; & en faiſant des careſſes à leurs enfans, il dit au petit Chevalier, qui n'avoit que ſept ans & demi, & qui étoit beau comme un Ange ; & vous auſſi, ne voulez-vous pas être de mes amis ? Non, reprit brusquement le petit garçon, vous avez trompé mon Papa ; ce qui déconcerta fort la Compagnie, à ce qu'a dit depuis le vieux Duc de Charost, qui étoit présent, & qui en fut bien aise. Charost n'aimoit pas le Cardinal Mazarin ; il avoit été au Cardinal de Richelieu, qu'il ne nommoit jamais sans l'appeller mon bon Maître.

Après avoir conduit le Duc d'Albret à l'âge de vingt-quatre ans, & l'avoir fait passer par tous les dégrez d'esprit, de vertu, de science & de capacité, pour parvenir à l'estime générale que personne ne lui refusoit, il est tems d'expliquer la maniére dont il se fit Cardinal ; car on peut dire, & je m'en vais le prouver, que si la naissance & la considération de M. de Turenne commencerent l'ouvrage, il ne fut achevé que par une prudence infinie, une pénétration sans bornes, & une fermeté à toute épreuve. M. de Perefixe, Archevêque de Paris, avoit lié une amitié très-étroite avec le Duc d'Albret, depuis qu'il avoit présidé à son Acte tentative en 1664. & qu'il avoit voulu être le Grand Maître de ses Etudes pendant sa Licence.

Sa fréquentation augmentoit chaque jour la tendresse ; & le bon Archevêque ne lui cachoit point, que la chose du monde qu'il souhaittoit le plus, étoit de le voir son Coadjuteur ; persuadé que l'Eglise de Paris seroit heureuse d'être conduite par un si digne Pasteur. Le Duc d'Albret qui demeuroit dans le Cloître Nôtre-Dame, cultivoit une amitié qu'il pouvoit si bien rendre utile, & alloit les soirs à l'Archevêché par la petite porte y passer les après-soupez. M. de Perefixe étoit le meilleur homme du monde, violent, aisé à mettre en colere, mais qui revenoit un moment après ; il avoit aussi bien de l'amitié pour moi, & me fit l'honneur de présider à mon Acte de Tentative que je dédiai au Roy. Il me souvient que la veille il me vint voir à Luxembourg, & me fit ses trois argumens, après quoi il me dit : Monsieur l'Abbé, vous sçavez que l'Abbé le Tellier qui est en Licence fait tout ce qu'il peut pour démonter tous les Répondans ; ses Docteurs luy font de bons argumens, & son plaisir est d'obliger le Président à prendre la parole. Je veux vous faire le plaisir de ne point ouvrir la bouche, deffendez-vous comme vous pourrez. Il le fit comme il me l'avoit dit. L'Abbé le Tellier eut beau crier, & demander justice au Président, je criois aussi haut que lui ; & soit que j'eusse raison, les Docteurs fraperent sur les écoutes, & lui imposerent silence. Le Duc d'Albret étant si-bien avec M. de Perefixe, apprenoit avec peine que quelfois M. de Turenne blâmoit la conduite de l'Archevêque à l'égard des Filles de Port-Royal. M. de Turenne étoit encore Huguenot, & les Huguenots, qui nient aussi-bien que les Jansenistes le mérite des bonnes œuvres, favorisoient en tout les Jansénistes, à cause de la conformité de leurs sentimens sur la Grace. Le Duc d'Albret supplia M. de Turenne d'avoir un peu plus d'attention pour un Archevêque qui lui témoignoit tant d'amitié, & qui avoit tant de considération pour sa Maison, dont il avoit souvent fait tant d'éloges dans des discours publics, ce qu'il lui promit de faire, & ce qu'il fit effectivement.

Les choses en étoient là, & paroissoient vouloir demeurer quelque tems au même état, lorsque l'Abbé le Tellier obtint du Roy la Coadjutorerie de Langres. Cet Evêché l'une des six

Pairies

Pairies Ecclesiastiques de France étoit possedé par l'Abbé de la Riviere, qui en qualité de favory de M. Gaston Oncle du Roy, avoit fait une si grande figure pendant la Regence; mais l'Abbé le Tellier avoit de bien plus grands desseins, il songeoit à l'Archevêché de Reims. Un nommé Saint Laurent, Commis de Mannevillette, Receveur General du Clergé, alla à Reims avec un Feüillant qui avoit un grand pouvoir sur le Cardinal Antoine, pour tâcher d'obtenir la Coadjutorerie. Ils luy persuaderent que si l'Abbé le Tellier étoit son Coadjuteur, il mettroit bien-tôt son Chapitre à la raison par le crédit du Ministre, & l'obligerent à demander cette grace que le Roy luy accorda. Le Duc d'Albret en fut averti, & l'alla dire à Monsieur de Turenne qui prit feu, & résolut d'en aller sur le champ avertir le Roy, & rompre par là la Négociation; mais le Duc d'Albret s'y opposa. Si l'Abbé le Tellier, luy dit-il, est Coadjuteur de Reims, il faut demander pour moy la Coadjutorerie de Paris; & en cas de refus, la Nomination au Cardinalat. Le Roy sera si honteux d'avoir fait l'Abbé le Tellier Coadjuteur de Reims , qu'il n'osera vous refuser. Le Roy étoit bien disposé en faveur du Duc d'Albret ; ma Mere que Sa Majesté honoroit de quelque confiance , luy avoit dit plusieurs fois que le Duc d'Albret avoit tout le merite du monde , & qu'il étoit du bois dont on fait les Cardinaux. Elle m'a conté qu'étant un jour dans la Chambre du Roy en attendant l'Audience particuliere qu'il luy donnoit deux ou trois fois la semaine dans son Cabinet , le Duc d'Albret y étoit entré , & l'avoit entretenuë pendant une demie heure. Elle s'étoit fait donner ces Audiences en disant au Roy avec hardiesse , pour ne pas dire effronterie : Sire , si vous voulez devenir honnête homme , il faut que vous m'entreteniez souvent. Le Roy la fit appeller , & eut la bonté de luy dire qu'il étoit fâché de l'avoir fait tant attendre. Sire , luy dit-elle , je ne me suis point ennuyée ; j'étois avec ce petit Duc d'Albret qui a plus d'esprit que moy : ce sont de ces gens-là quand ils ont la naissance & le merite , que Votre Majesté doit élever aux premiers postes. Vous devriez luy donner votre nomination au Cardinalat ;

que pouvez-vous mieux faire ? Elle prit là-deſſus occaſion de paſſer en revûë tous ceux qui pouvoient alors prétendre au Cardinalat, & leur donna à chacun un petit coup de patte ſans en exempter l'Evêque de Laon ſon bon ami, depuis Cardinal d'Eſtrées ; mais qui ne l'étoit pas tant que le Duc d'Albret. Mais reprit le Roy, il eſt bien jeune : il eſt vray ; mais il eſt bien ſage, & d'ailleurs quand vous le nommeriez aujourd'huy, il ne ſeroit peut-être pas Cardinal dans dix ans. Ce diſcours jetté à l'avanture germa dans la ſuite ; & le Cardinal de Boüillon m'a dit pluſieurs fois qu'elle avoit la premiere rompu la glace ſur ſon Cardinalat ; auſſi dès qu'il eut la Nomination, il vint tout courant luy en dire la nouvelle, & ſur ſa table il m'écrivit un billet charmant pour me le faire ſçavoir. J'étois allé en Bourgogne à mon Abbaye de ſaint Seine ; & lorſque j'ay reçû ſon billet, je dînois à Dijon avec Monſieur Bouchu Intendant de la Province. J'eus bien-tôt pris mon party, & demandé à l'Intendant s'il vouloit mander quelque choſe à Paris, & qu'au ſortir de table j'allois prendre la poſte ; je le fis & volai. J'embraſſai le nouveau Cardinal , & deux jours après je retournai à ſaint Seine faire mes affaires ; mais pour revenir au Duc d'Albret, M. de Turenne approuva ſon raiſonnement , & luy dit effectivement : vous avez plus d'eſprit que moi ; il n'y a qu'à laiſſer faire la Coadjutorerie de Reims & en profiter par contre-coup en obtenant celle de Paris , ou la nomination au Cardinalat. En effet , quatre jours après , l'Abbé le Tellier fut déclaré Coadjuteur de Reims, & Saint Laurent pour ſa récompenſe fut Receveur General du Clergé. Le Duc d'Albret alla auſſitôt trouver l'Archevêque de Paris , & luy dit : Je ne viens point icy, Monſieur, vous preſſer ſur une choſe que vous m'avez témoigné tant de fois ſouhaiter avec paſſion ; c'eſt ſeulement pour vous dire que la conjoncture eſt favorable, le Roy vient de faire l'Abbé le Tellier Coadjuteur de Reims, il ne vous refuſera pas, ſi vous me demandez preſentement pour votre Coadjuteur , & que M. de Turenne joigne ſes prieres aux vôtres ; mais, Monſieur, ne me répondez point preſentement, demain j'aurai l'honneur de vous voir. L'Archevêque l'embraſſa avant que de luy répondre, & luy dit qu'il falloit voir avec M. de Turenne comment il s'y faudroit prendre pour faire réüssir une chose qu'il souhaitoit passionnément. Le lendemain M. de Turenne que le Duc d'Albret avoit fait avertir, vint dîner chez luy, & y trouva M. Boucherat Conseiller d'Etat, mort depuis Chancelier de France. Il avoit été Tuteur de M. de Boüillon conjointement avec M. le premier President de Lamoignon & le President de Mesmes. Il étoit ami particulier de M. de Turenne. Le Duc d'Albret l'avoit prié d'y venir pour fortifier en cette occasion la foiblesse naturelle de Monsieur de Turenne, que sa modestie & son désinteressement empêchoient souvent de parler au Roy en faveur de sa Maison. Aussi-tôt après dîné, M. de Turenne alla voir l'Archevêque; & l'ayant trouvé dans les mêmes sentimens, il partit sur le champ pour saint Germain, & dès le soir il demanda au Roy la Coadjutorerie de Paris pour son Neveu, assûrant le Roy que l'Archevêque devoit lui faire la même priere, & en luy avoüant qu'il avoit eu quelques vûës sur l'Archevêché de Reims. Le Roi qui se ressouvenoit encore de la

Guerre de Paris où le Coadjuteur Cardinal de Retz luy avoit fait tant de peines, luy refusa tout net la Coadjutorerie. Le Duc d'Albret, luy dit-il, est trop jeune pour le charger du soin de tant d'ames; mais il le refusa avec les termes du monde les plus obligeans, l'assûrant qu'il luy accorderoit toute autre chose. Alors M. de Turenne, suivant qu'il en étoit convenu avec le Duc d'Albret, luy demanda pour luy la nomination au Cardinalat, ce que Sa Majesté luy accorda avec plaisir, luy recommandant seulement de ne le dire à personne du monde qu'à son Neveu. Cette Nomination paroissoit alors fort éloignée. Le Pape Clement IX. qui n'étoit Pape que depuis un an n'ayant pas encore songé de faire la Promotion de ses creatures, qui devoit préceder celle des Couronnes. Monsieur de Turenne envoya dans la nuit au Duc d'Albret un Courier, & luy manda ce qui s'étoit passé, conseillant à M. de Paris de differer son voyage de quelques jours. M. le Duc d'Albret envoya sur le champ l'Abbé le Sauvage son Précepteur, mort depuis Evêque de Lavaur, dire à l'Archevêque, que le Roy avoit refusé la

Coadjutorerie, & que M. de Turenne luy conseilloit de ne pas aller si-tôt à saint Germain. Il luy dit en même tems, que malgré le respect que le Duc d'Albret avoit pour les ordres de Monsieur de Turenne, il luy conseilloit d'y aller dès le grand matin, afin d'être à la premiere entrée, privilege qu'il avoit conservé comme ayant été Précepteur de Sa Majesté, & de pouvoir luy dire qu'il venoit luy rendre compte de la proposition que Monsieur de Turenne luy avoit fait la veille, proposition qu'il avoit acceptée de tout son cœur, persuadé qu'il n'y avoit point dans l'Eglise un meilleur sujet que le Duc d'Albret. C'étoit la maniere dont l'Archevêque s'expliquoit ordinairement. L'Abbé le Sauvage ne luy dit pas un mot de la Nomination au Cardinalat, soit qu'il la sçût ou qu'il ne la sçût pas, ce que je n'ay jamais sçû moi-même. L'Archevêque parut fort affligé, & dès la pointe du jour il alla au lever du Roy qui ne tâta point de ses raisons. Il luy dit assez durement qu'il ne devoit pas consentir à sa Coadjutorerie sans luy en parler, luy reprochant par là qu'il l'avoit exposé à refuser quelque chose à M. de Turenne, &

peut-être dans son cœur pensa-t-il qu'il l'avoit forcé à luy accorder la Nomination au Cardinalat. M. le Tellier ne put pas cacher ce secret au Coadjuteur de Reims, qui quelques jours après en retournant à Paris tête à tête avec le Duc d'Albret, luy dit malicieusement en descendant la Montagne de Chantecoq; voilà des Tours, (c'étoit les Tours de Notre-Dame) qui vous siéroient bien, & que je vous souhaite de tout mon cœur. Je ne vôle pas si haut, luy répondit le Duc d'Albret qui affecta un air contrit & humilié, quoi qu'interieurement il se sentît bien dédommagé par la Nomination au Cardinalat ; & dans la suite des années l'Archevêque de Reims ayant avoüé au Cardinal de Boüillon qu'il luy avoit parlé des Tours de Notre-Dame, pour luy faire dépit, parce que son Pere luy venoit de confier que le Roy les avoit refusées à M. de Turenne. Le Cardinal luy dit : je n'étois pas si abattu que vous le croyez. Le Roy m'avoit accordé sa Nomination au Cardinalat, nous nous moquions alors l'un de l'autre, & nous avions tous deux raisons.

Il est bon de remarquer ici que Madame (c'étoit alors la Princesse d'Angleterre) à la premiere nouvelle de la Coadjutorerie de Reims, dit au Roy qu'un coup de cette importance marquoit assez que ses Ministres le gouvernoient. Ce discours qu'elle fit au Roy avant que M. de Turenne lui parlât de la Coadjutorerie de Paris, disposa peut-être l'esprit du Roy, qui vit bien que Madame avoit raison, à faire quelque chose en faveur du Duc d'Albret, & à lui accorder au moins la Nomination au Cardinalat, puisque la politique lui défendoit absolument de consentir qu'un homme si jeune, & de sa Naissance fût Coadjuteur de Paris. Les Telliers crurent que M. de Turenne, pour se faciliter la Coadjutorerie de Paris, avoit poussé Madame, qui étoit fort son amie, à tenir ce discours au Roy; mais cela n'étoit pas vrai. M. de Turenne alloit rondement, & son mérite faisoit croire qu'il n'avoit pas besoin d'autre sollicitation. On a sçû que c'étoit le Marquis de Bellefonds qui avoit prié Madame de parler ainsi, afin que le Roy lui fît des graces, sans consulter ses Ministres, qu'il affectoit de mépriser, pour faire croire au Roy qu'il ne s'attachoit qu'à sa perſonne. En effet, peu après le Roy le fit Maréchal de France avec Crequy & Humieres, pour montrer au Public que les Miniſtres ne le gouvernoient pas. Ils furent très-mortifiez de voir le Roy s'adonner à faire des coups d'autorité, ſans leur en dire une ſeule parole ; mais ſurtout ils furent fâchés de la Nomination du Duc d'Albret au Cardinalat quand ils l'apprirent cinq mois après. Le Tellier & Louvois n'étoient pas des amis de M. de Turenne depuis que la Sorbonne avoit fait une ſi grande difference entre le Duc d'Albret & l'Abbé le Tellier, accordant à l'un toutes ſortes de diſtinctions, & refuſant à l'autre les choſes les plus communes, tant l'un étoit aimé & eſtimé ; & l'autre haï & peu eſtimé. Le Tellier ſe ſouvint auſſi d'un bon mot qui échapa à M. de Turenne pendant le procès de M. Fouquet. Quelqu'un blâmoit devant lui l'emportement de Colbert contre Fouquet, & loüoit la moderation de Monſieur le Tellier. Effectivement, dit M. de Turenne, je crois que M. Colbert a plus d'envie qu'il ſoit pendu, & que M. le Tellier a plus de peur qu'il ne le ſoit pas ; & de plus Monſieur de Turenne avoit ſollicité pour M. Fouquet deux amis intimes qu'il avoit parmi ses juges, sçavoir, M. d'Ormesson Raporteur, & M. de Catinat Conseiller de la grand-Chambre, qui opinerent tous deux en sa faveur. Lionne fut assez aise de la nomination du Duc d'Albret. Il avoit fait avec lui une amitié particuliere, & n'aspiroit point à gouverner le Roi, content de faire sa Charge avec honneur, de tirer de la Cour de gros apointemens qu'il employoit souvent en des dépenses inutiles, & de s'abandonner sans mesure à toutes sortes de plaisirs. Cinq mois après le Roi déclara publiquement qu'il avoit donné au Duc d'Albret sa nomination au Cardinalat. Lionne lui en expedia le Brevet, & la Lettre du Roi, dont voici la Copie.

TRES-SAINT PERE,

Entre tous les Sujets de nôtre Royaume, de Profession Ecclesiastique, qui Nous ont semblé être plus dignes, par leurs grandes qualitez, que Nous leur procurions l'honneur d'entrer dans le Sacré College des Cardinaux, Nous avons plus particulierement consideré nôtre très-cher & bien amé Cou-

sin Emmanuel Theodose de la Tour d'Auvergne, Duc d'Albret ; lequel dans sa plus tendre jeunesse, fuyant deslors toutes les autres occupations agréables à cet âge-là, que sa Naissance de Prince ne pouvoit que trop lui inspirer, a si bien marché depuis par sa propre inclination & son seul mouvement dans le chemin le plus pénible, comme le plus glorieux, qu'il a continuellement donné des preuves d'une pieté solide & exemplaire ; & s'est d'ailleurs si laborieusement, & avec tant de succès appliqué aux Etudes de toutes les Sciences les plus élevées, qu'après les acclamations publiques données en plusieurs Actes célébres à la profondeur de son érudition & de sa doctrine, il a mérité à vingt-quatre ans le Doctorat de la Faculté de Paris, avec des éloges qui ont été au-delà de toute expression. Ces considerations, sans mélange d'aucune autre, Nous ont fait juger, TRE'S-SAINT PERE, que l'avancement de Notredit Cousin dans les Dignitez de l'Eglise les plus hautes sous la Suprême, seroit en plusieurs rencontres d'un très-grand avantage au bien de la Religion ; c'est pourquoi Nous requerons & supplions très-instamment VOTRE SAINTETÉ, *de vouloir, à nôtre Nomination & Représentation, honorer de la Dignité de*

Cardinal Notredit Cousin le Duc d'Albret, dans la premiere Promotion qu'Elle fera, selon l'usage, pour gratifier les Couronnes. Les grandes & recommandables qualitez qui se rencontrent en la Personne de Notredit Cousin, joint à l'ardente inclination que Nous voyons en lui, de les employer pour les interêts de l'Eglise, Nous donnent une pleine assurance que VOTRE SAINTETÉ *aura une entiere satisfaction de ce choix que Nous faisons, & que Nous nous promettons qu'Elle voudra bien consommer le plus promptement qu'Elle pourra par un nouvel effet de sa bonté Paternelle, dont Nous nous tiendrons très-sensiblement obligé à Votre Beatitude, laquelle cependant Nous prions Dieu, TRE'S-SAINT PERE, de vouloir conserver longues années au bon régime de nôtre Mere Sainte Eglise. Ecrit à Paris le dix-huit Novembre mil six cens soixante-huit. Votre dévot Fils.* Signé, *Le Roy de France & de Navarre*, LOUIS.

Et plus bas, LIONNE.

On peut juger par le stile de cette Lettre, que Monsieur de Lionne étoit ami du Duc d'Albret, qui avoit présidé l'année d'auparavant à l'Acte de Tentative de l'Abbé de Lionne, ce qui avoit fait une grande liaison entr'eux ; M. de Lionne l'ayant preferé à tous les Evêques & Archevêques de France qui se fussent fait honneur de présider à l'Acte de son Fils : mais il faut avoüer que si l'Abbé le Tellier en obtenant la Coadjutorerie de Reims avoit en quelque sorte sans y penser procuré la nomination au Cardinalat, il fut encore la principale cause qui la rendit publique. Ce Coadjuteur fut sacré en Sorbonne par le Cardinal Antoine, en présence de la Reine & de toute la Cour, qui oublia ce jour-là que le Roy étoit à S. Germain, où il n'y eut personne de toute la journée. Le Duc d'Albret se trouva par malice au Sacre dans la foule des Docteurs, afin qu'on fît la comparaison de lui & de l'Abbé le Tellier. Les nouvelles manuscrites ne manquerent pas de marquer la difference de mérite de l'un & de l'autre ; la modestie & la capacité de l'un opposées à l'orguëil & à la petulance de l'autre. L'Abbé le Tellier étoit entouré de trois ou quatre Docteurs qui lui souffloient continuellement de la science. Il avoit assez bonne mémoire, il n'appliquoit pas mal ce qu'on lui avoit recordé ; mais quand plein de lui-même, gros d'argent, bouffi d'orguëil , & ne croyant plus avoir besoin de conseil , il s'est trouvé à la tête du Clergé , il a vû les étoiles en plein midi ; il a perdu terre , & a été obligé de remettre le gouvernail à une tête , qui , quoique très-mediocre , s'est trouvée meilleure que la sienne. Son Sacre fut donc d'un grand éclat. Quelque bonne ame prit soin de faire tomber les nouvelles manuscrites entre les mains de M. de Turenne , sur lequel elles firent leur effet. Il courut à S. Germain, & supplia le Roy de déclarer publiquement la nomination de son Neveu au Cardinalat. Sa Majesté lui dit qu'elle le feroit avec plaisir ; mais qu'il songeât qu'il ne s'étoit converti que depuis huit ou dix jours , & que les Huguenots ne manqueroient jamais de dire que c'étoit la recompense de sa Conversion. Je suis trop bien connu, Sire , reprit M. de Turenne, pour craindre de pareils discours , & mon Neveu sans moi pouvoit fort bien esperer cette grace de Votre Majesté. Je me suis converti dans un temps non suspect. Il est vrai , reprit le Roi , que si vous l'aviez voulu faire en 1660. vous pouviez esperer autre chose qu'un Chapeau rouge. Ce fut le matin avant que les Ministres fussent assemblez pour le Conseil, que le Roy fit appeller M. de Lionne dans son Cabinet, pour lui ordonner d'expedier la Lettre du Pape, pour la nomination du Duc d'Albret au Cardinalat. Lionne au sortir du Cabinet vit M. le Tellier ; & sçachant bien qu'il l'alloit mettre au desespoir, lui dit tout bas: Devinez qui a la nomination du Roy au Cardinalat ? Le Tellier lui ayant nommé cinq ou six personnes l'un après l'autre: Non, lui dit Lionne, c'est le Duc d'Albret ; il pâlit, & Lionne pensa lui offrir son flaccon d'eau de la Reine d'Hongrie.

Je crois que voici le lieu de parler de la Conversion de M. de Turenne. Elle a fait tant de bruit dans le monde ; les Catholiques en ont été si aises, & les Protestans si fâchez, qu'il faut apprendre aux uns & aux autres la vérité d'un fait dont on a parlé si diversement. Jurieu & quelques autres Ministres ont osé dire qu'il avoit changé de Religion par politique ; mais, en le disant, ils se sont exposez à la risée de tout le monde, qui a sçû qu'à la paix des Pirenées, le Cardinal Mazarin, ne sçachant quelle le récompense procurer à M. de Turenne, pour les grands services qu'il avoit rendus à l'Etat, lui offrit l'Epée de Connétable, pourvû qu'il se fit Catholique. L'accommodement de M. le Prince n'étoit pas encore fait, & le Cardinal n'eût peut-être pas été fâché de le mortifier encore; mais M. de Turenne, en fait de Religion, ne se conduisoit pas par des vûës humaines; & se voyant attaqué d'une maniére si forte, il se roidit contre la Grace qui vouloit l'éclairer, & demeura encore plusieurs années dans l'incertitude; il avoit toute sa vie aimé à parler de Religion, dans l'esperance de trouver la véritable en la cherchant. Il me souvient à ce propos d'avoir oüi dire au Cardinal de Boüillon, qu'un jour M. de Turenne s'étant trouvé dans son cabinet avec M. de Belinghemt & Wan-Beuning, Ambassadeur de Hollande, après avoir beaucoup parlé de Religion, Wan-Beuning avoüa que s'il étoit bien persuadé qu'il n'y eût qu'une Religion de bonne, il choisiroit la Catholique; mais qu'il croyoit qu'on pouvoit aller au Ciel par differens chemins. Si je croyois comme vous, lui dit M. de Turenne, je serois bien-tôt Catholique, ne faut-il pas toûjours aller au plus sûr ? Il sentoit assez souvent qu'il manquoit quelque chose à la Doctrine qu'on lui avoit enseignée dans son enfance ; les prémiers préjugez contre la Religion Catholique s'étoient évanoüis par la conversation de quelques Evêques de ses amis ; M. de Choiseul, Evêque de Tournay, & M. Vialart, Evêque de Châlons, l'avoient embarassé ; l'Abbé Bossuet, depuis Evêque de Condom, & enfin de Meaux, l'avoit peut-être ébranlé par quelques-uns de ses Sermons, ou dans une conversation qu'il eut avec lui chez Madame de Longueville devant sa Conversion. Le Duc d'Albret son Neveu nouveau Docteur, & frais sur ces matiéres, lui avoit parlé cent fois. Enfin le moment arriva ; & sans le dire à personne, sans sonner la trompette, sans ostentation, & seulement pour le salut de son ame, il fit son abjuration dans la Chapelle particuliére de l'Archevêché, entre les mains de M. de Perefixe, dans un tems où toutes les raisons mondaines sembloient s'y opposer. Il vit fort bien qu'il se confondoit par-là dans la foule des Courtisans qu'on méprise parce que l'on ne les craint pas ; au lieu que demeurant Huguenot, il se voyoit à la tête d'un Parti autrefois si puissant, & qui feroit ses derniers efforts pour se soûtenir jusqu'à la fin. Aussi sa Conversion fut sincere; & la meilleure preuve qu'il en donna fut le zéle pour le salut de ses freres errans. Il dit à l'Evêque de Condom, avec lequel il fit depuis une amitié très-intime, que la plûpart des Huguenots ne se convertissoient pas faute d'entendre la véritable Doctrine de l'Eglise Catholique, & lui donna peut-être les premiéres vûës qui ont produit le Livre admirable de l'Exposition de la Foi, en lui exposant les Articles qui lui avoient fait le plus de peine, & qui ne lui en faisoient plus, de la maniére dont l'Evêque de Condom les expliquoit. Je n'oublierai pas que M. de Turenne ayant pris sa derniére résolution de se convertir, dit un matin au Duc d'Albret : Vous allez être bien aise & bien fâché, je vais me faire Catholique, & je vous en ai fait le secret de peur qu'on ne dise que vous m'avez converti. Je voudrois, si cela se pouvoit, que personne ne le sçût, & je veux trouver un simple Prêtre qui reçoive mon abjuration. Le Duc d'Albret l'assura que la joye étouffoit en lui tout autre ſentiment ; mais qu'il le ſupplioit de ſe ſouvenir que M. l'Archevêque de Paris étoit ſon Paſteur, & qu'il devoit recevoir ſes Inſtructions, quand même il ne ſeroit pas autant de leurs amis qu'il l'étoit. Il y alla, & fit ſon abjuration entre ſes mains le lendemain, en préſence de Perthuis Capitaine de ſes Gardes, de Desroziers ſon Maître-d'Hôtel, & de Duhault ſon Premier Valet de Chambre, tous trois Catholiques, qui fondoient en larmes en voyant leur Maître rentrer dans le bon chemin. M. Boucherat & M. l'Abbé le Sauvage y furent auſſi préſens, je ne ſçai pas pourquoi le Duc d'Albret ne s'y trouva pas.

Monſieur de Turenne n'étoit pas alors en faveur. La campagne de 1667. avoit été trop brillante pour luy; les Miniſtres s'étoient réünis contre un ſi grand crédit naiſſant, & l'année ſuivante le Roy lui avoit caché ſon entrepriſe ſur la Franche-Comté, & s'étoit ſervi de M. le Prince. Son crédit recommença en 1670. lorſque le Roy ayant pris la réſolution ſecrette de faire la Guerre aux Hollandois, envoya Madame en Angleterre ſigner le Traité avec le Roy ſon frere. Il n'y eut dans le ſecret que cette

Princesse & M. de Turenne ; mais il faut avoüer qu'en cette occasion ce grand homme fit une faute impardonnable. Il dit à sa Maîtresse le secret de son Maître. Il avoit la foiblesse d'aimer Madame de Coatquen ; elle étoit jeune ; il avoit près de soixante ans. On veut réparer l'âge par un grand amour qu'on croit marquer par une grande confiance. Il lui disoit tout ; elle avoit de son côté une passion bien plus vive. Le Chevalier de Lorraine à vingt-six ans devoit l'emporter sur un vieux Guerrier. Le Chevalier sçût par elle le Traité d'Angleterre, & le dit à Monsieur dont il étoit favori ; & peut-être lui apprit-il en même-tems les bruits ridicules qui couroient sur le Comte de Guiche. Quoi qu'il en soit, Madame mourut peu de tems après d'une maniére si subite, qu'on ne la voulut pas croire naturelle. Le Roy reprocha à Monsieur de Turenne son indiscretion, & l'excusa en apprenant ce qui l'avoit causée ; mais pour revenir à la Nomination du Duc d'Albret au Cardinalat, à peine fut-il nommé, qu'il alla trouver Monsieur l'Archevêque de Paris pour lui en dire la premiére nouvelle. Il luy avoit assez d'obligation pour cela ;

mais il fit plus, & luy offrit de lui ceder une Dignité qu'il méritoit, disoit-il, beaucoup mieux que lui. L'Archevêque connoissoit le cœur du Duc d'Albret, ne traita point ce discours de compliment, & l'embrassant avec tendresse : s'il y avoit, luy dit-il, un chapeau de Cardinal par terre, & qu'il dépendît de moy de le mettre sur votre tête ou sur la mienne, je ne balancerois pas un moment à le mettre sur la vôtre ; & je m'en vais de ce pas remercier le Roy au nom de l'Eglise de France du bon choix qu'il vient de faire. Il le fit comme il l'avoit dit. Cependant le Duc d'Albret songea aux moyens de faire avancer sa Promotion, malgré tous les obstacles qui sembloient s'y opposer. Il envoya un Courier au Cardinal Rospigliosi Neveu du Pape pour luy en donner part. Il avoit fait une grande amitié avec luy à son passage de Bruxelles à Paris en allant à Rome après l'Exaltation de son Oncle. Le Pere Rapin Jesuite, ami de l'un & de l'autre étoit alors à Rome, & ne contribuoit pas peu à former entr'eux une liaison plus intime. Il n'y avoit aucune apparence que le Pape n'ayant point encore fait la Promotion de ſes créatures, en voulût faire une particuliére uniquement pour le Duc d'Albret qui n'avoit droit qu'à celle des Couronnes; & cette Promotion paroiſſoit fort éloignée; ainſi tout étoit à craindre d'un ſi long retardement. Le Prince de Conty & l'Abbé de la Riviere avoient eu longtems la Nomination de France ſans aucun effet; l'exemple étoit fâcheux & recent. Le Duc d'Albret jeune, plein de feu & d'une imagination féconde ne deſeſpera pas d'y réüſſir. La converſion de Monſieur de Turenne que le Pape avoit regardé comme un triomphe pour l'Egliſe, étoit une conjoncture favorable; le Siége de Candie en étoit une autre bien plus importante. Cette Ville aſſiegée par les Turcs depuis douze ou quinze ans étoit fort preſſée par le Grand Viſir Cuproly, & le Pape ne ſongeoit qu'à y envoyer du ſecours. Monſieur de Turenne en cette occaſion pouvoit le ſervir auprès du Roi qui pourroit ſeul y envoyer une Armée capable de faire lever le Siége. D'ailleurs le Duc d'Albret étoit déja fort connu de Sa Sainteté; il luy avoit écrit ſur ſon Exaltation au Souverain Pontificat ; il luy avoit dédié le Recueil de ses Theses de Theologie , ce qui luy avoit valu , sans que le Roy s'en mêlât, le *Gratis* de ses Abbayes de Tournus & de Saint Oüen. Il luy avoit écrit en d'autres occasions par Monsieur le Duc de Chaulnes Ambassadeur à Rome. Il résolut, pour avancer cette affaire, d'envoyer à Rome l'Abbé Bigorre, qui y avoit déja été le Secretaire de l'Ambassade sous le Duc de Chaulnes, & qui étoit fort connu & aimé de M. de Lionne. M. de Turenne en parla au Roy, qui fit écrire au Pape & au Cardinal Rospigliosi, qu'ils luy feroient un plaisir sensible d'avancer la Promotion du Duc d'Albret ; S. M. leur promettant de ne point demander d'autre Chapeau à la Promotion des Couronnes. Le Roy eut même la bonté de le dire de sa propre bouche à l'Abbé Bigorre lorsqu'il prit congé de Sa Majesté, afin qu'il en pût rendre compte au Pape. Monsieur de Lionne écrivit en conformité, quoiqu'il crût faire en cela des pas fort inutiles. Monsieur de Turenne se fit prier pour en parler au Roy. Il n'aimoit pas à faire le Suppliant, & souvent manquoit les affaires, parce qu'il ne vouloit

vouloit pas se donner la peine d'y travailler. Il écrivit néanmoins au Pape pour informer Sa Sainteté comme Vicaire de Jesus-Christ en terre de la grace que Dieu venoit de luy faire de le faire rentrer dans son Eglise. Dès que l'Abbé Bigorre fut arrivé à Rome, il eut audience du Pape. Il luy fit sa proposition. Sa Sainteté l'assura qu'avec une veritable joye elle comprendroit M. le Duc d'Albret dans la Promotion des Couronnes, & luy fit bien des complimens pour M. de Turenne. Elle répondit à la Lettre du Roy dans les mêmes termes, & s'expliqua encore plus nettement avec l'Abbé de Bourlemont Auditeur de Rotte, qui faisoit les affaires de France en l'absence de l'Ambassadeur. Le Roy sur ces nouvelles dit à Monsieur de Turenne, il n'y a rien à esperer pour votre Neveu ; mais il est bien jeune, il peut attendre. Cette indifference que le Roy témoignoit là-dessus, donna occasion au Duc de Crequi qui avoit été Ambassadeur à Rome, & qui y avoit conservé quelque commerce, & au Coadjuteur de Reims, (il n'aimoit pas Monsieur de Turenne) d'écrire à leurs amis, afin sans doute que cela parvint jusqu'aux oreilles du Pape, que le Roy ne se soucioit gueres de cette affaire. L'Abbé Bigorre en ayant eu connoissance, le manda au Duc d'Albret, qui trouva moyen d'en tirer avantage. M. de Turenne & M. de Lionne le dirent au Roy, qui renouvella ses instances avec plus de vivacité, ajoûtant qu'il sçavoit les mauvais offices que des Courtisans envieux avoient voulu rendre au Duc d'Albret ; mais il arriva quelque tems après un incident qui pensa tout gâter. Le Prince d'Aversberg l'un des principaux Ministres de l'Empereur avoit obtenu sa nomination secrette au Cardinalat, & pour y réüssir, il avoit fait dire au Roy qu'il seroit dans ses interêts s'il y vouloit consentir. Le Roy y consentit ; mais le Prince d'Aversberg averti des instances que le Roy faisoit auprès du Pape pour le Duc d'Albret, s'en plaignit, & le Roy le dit à M. de Turenne qui ne balança jamais entre ses interêts & ceux de l'Etat, & étoit prêt de tout sacrifier au Roy, lorsqu'on apprit que le Prince d'Aversberg étoit disgracié, & que l'Empereur avoit donné la place dans son Conseil au Prince de Lokovits, & la nomination au Cardinalat au Prince de Bade Moine Benedictin, Coadjuteur des Abbayes de Fuldes & de Kampin.

Il arriva dans ce tems un autre incident qui jetta quelque froideur entre le Duc d'Albret & l'Evêque de Laon. Ils ne s'étoient jamais fort aimez, se regardant comme rivaux. La naissance & le merite du Duc d'Albret paroissoient devoir ceder à l'âge & à l'experience de l'Evêque de Laon. Les d'Estrées étoient parens de la Reine de Portugal, & par leurs intrigues ils avoient rompu le mariage du Prince Dom Pedre avec Mademoiselle de Boüillon. L'Evêque de Laon avoit obtenu la nomination de Portugal, & le Roy venoit de lui permettre d'envoyer le Sieur Foucher pour solliciter son Chapeau. Le Duc d'Albret en fut averti, & courut chez M. de Lionne pour sçavoir si cela étoit vray. Monsieur de Lionne luy dit qu'oüi; mais que cela ne luy faisoit aucun tort, puisque le Roy en écrivant en faveur de l'Evêque de Laon, renouvelleroit ses instances pour l'avancement de sa Promotion. Monsieur le Duc d'Albret ne fut point touché des raisons de Monsieur de Lionne, d'autant plus que l'on parloit déja du mariage de Mademoiselle de Lionne avec le Marquis de Cœuvres, Neveu de l'Evêque de Laon. Tout ce qu'il put obtenir de luy, fut, que si le Roy à la priere de Monsieur de Turenne en reparloit au Conseil, il seroit d'avis de ne point envoyer Foucher jusqu'à ce que le Duc d'Albret fût Cardinal. La chose arriva ainsi. Monsieur de Turenne en parla au Roy, & le Roy en son Conseil; & Sa Majesté fit dire de ne point envoyer Foucher à Rome. Il l'envoya seulement à Turin où il demeura deux ou trois mois jusqu'à la Promotion du Cardinal de Boüillon. Cependant les Venitiens appuyez de la recommandation du Pape demandoient au Roy des Troupes & des Vaisseaux pour tâcher de faire lever le Siege de Candie. Morosini leur Ambassadeur pressoit fort; le Duc d'Albret lui fit dire qu'à sa priere M. de Turenne y employeroit tout son crédit. L'Ambassadeur s'en apperçut si bien, que sur son rapport la Republique par reconnoissance ordonna à son Ambassadeur à Rome de presser le Pape pour la Promotion du Duc d'Albret. M. de Turenne avoit eu là-dessus plusieurs Conferences avec Morosini, qui seul de tous les Ambassadeurs & Ministres Etrangers eut la permission de suivre le Roy à son voyage de Flandres. Il fit le voyage avec Monsieur de Lauzun qui étoit une espece de favori. Le Maréchal de Navailles qui devoit conduire les Troupes du Roy à Candie, disoit aussi tous les jours à l'Ambassadeur que la République en avoit l'obligation à Monsieur de Turenne, ce qui étoit d'autant plus beau à luy, qu'il avoit une liaison très-intime avec M. le Tellier, qui n'étoit pas des amis de M. de Turenne. Navailles étoit honnête homme, & rendoit honneur à la verité. Les choses paroissoient assez bien disposées, lorsque le Cardinal Rospigliosi par ordre du Pape écrivit à M. de Lionne, que si le Roy vouloit donner la nomination à Monsieur de Turenne luy-même, il le feroit Cardinal le lendemain de l'arrivée du Courier, persuadé que les plus grands ennemis de la France ne pourroient pas y trouver à redire. Monsieur de Lionne lut à M. de Turenne la lettre du Cardinal Rospigliosi, & luy cita l'exemple recent de M. le Cardinal de Vendôme : ah ah ; M. luy dit M. de Turenne, que ferois-je d'une calotte & d'une grande queuë ? cet équipage m'embarasseroit fort. Je vous prie de remercier bien le Pape pour moy, & de le prier de faire mon Neveu Cardinal. M. de Lionne en rendit compte au Roy, qui luy dit : J'eusse été bien surpris si M. de Turenne avoit taupé à la proposition. M. de Turenne ne laissa pas de vouloir s'en divertir un moment, en disant au Duc d'Albret, vous avez un Concurrent pour le Cardinalat bien dangereux. Le Roy n'a qu'à luy donner sa nomination, le Pape offre de le faire Cardinal à l'arrivée du Courrier. Ne craignez rien, ajoûta-t-il, ce Concurrent, c'est moy.

C'étoit le tems des incidens tous capables de retarder la Promotion du Duc d'Albret. M. de Bonzy Ambassadeur du Roy en Pologne s'étoit trouvé à l'Election du Roy Michel Visnovieski, & luy ayant persuadé qu'il y avoit beaucoup contribué, quoique ce Prince eût été mis sur le Trône par la faction d'Autriche, il avoit tiré de luy parole de sa nomination au Cardinalat, pourvû que le Pape promît d'y avoir égard à la Promotion des Couronnes,

& ne fit pas comme Alexandre VII. qui avoit méprisé la nomination du Roy Casimir. Bonzi, sans perdre de tems, avoit dépêché un Courier au Roy pour le supplier d'écrire au Pape pour tirer cette parole de Sa Sainteté, qu'il croyoit assez bien disposée en sa faveur. Ils étoient du même pays, tous deux sujets du Grand Duc. Le Duc de Chaulnes Ambassadeur du Roy à Rome avoit obtenu du Pape cette parole verbale dans le tems qu'on croyoit que les Polonois éliroient pour leur Roy, ou le Prince de Condé, ou le Duc de Neufbourg; & l'un & l'autre avoient promis leur nomination à M. de Bonzy. M. de Lionne son ami particulier avoit déja fait la lettre du Roy au Pape, & étoit prêt à l'envoyer, lorsqu'un remords le prit en faveur du Duc d'Albret, jugeant bien que cette nouvelle priere du Roi seroit peut-être un prétexte au Pape de differer encore sa Promotion qu'il promettoit de faire incessamment. Il envoya éveiller le Duc d'Albret à six heures du matin, & le pria de venir chez luy. Il avoit loüé une petite maison à Saint Germain pour mieux solliciter son affaire.

Dès qu'il fut entré dans le cabinet de M. de Lionne, ce Ministre lui fit promettre un secret inviolable, même à l'égard de M. de Turenne. Il lui expliqua ensuite l'affaire de Bonzi, lui avouant qu'il n'avoit pas songé qu'en servant son bon ami, il nuiroit peut-être à son meilleur ami ; que le remede étoit difficile, parce que la chose avoit été arrêtée au Conseil, & que M. le Tellier & Colbert l'avoient appuyée de tout leur cœur dans la pensée peut-être d'éloigner sa promotion, qu'il faloit qu'il allât éveiller M. de Turenne, & lui dît qu'à l'insçû de M. de Lionne il avoit appris par un Commis l'envoy de ce Courier, & qu'il falloit l'empêcher de partir en representant au Roi les inconveniens. M. de Turenne qui sentit l'importance de la chose s'habilla promptement pendant que le Duc d'Albret dressoit le Memoire au Roi. Il monta en haut, & demanda à sa Majesté un moment d'audience dans son cabinet. Il lui expliqua toute l'affaire, & lui donna son petit Mémoire que le Roi fit lire au Conseil. M. de Lionne fut d'avis d'attendre au moins l'arrivée du premier Courier de Rome avant que de faire partir celui-cy: Mais les deux autres Ministres insisterent à le faire partir sur le champ, en ajoutant seulement aux lettres du Roy, que Sa Majesté, en faisant cette priere au Pape, renouvelloit ses instances pour avancer la promotion du Duc d'Albret. A la sortie du Conseil, M. de Lionne vint dire à Monsieur de Turenne & au Duc d'Albret qui étoit avec lui ce qui s'étoit passé dans le Conseil, & tâcha de leur persuader que les additions ordonnées aux Lettres du Roy remedieroient au mal, il persuada aisément M. de Turenne qui crut qu'il y alloit du Service du Roy de s'asseurer au plûtôt de deux Chapeaux, au hazard d'avoir celui de son neveu un peu plus tard. Le Duc d'Albret, dont l'esprit étoit d'une vivacité surprenante, fertile en expediens, lui dit; permettez-moi Monsieur de vous dire, que pour asseurer le Chapeau de M. de Bonzy, il y a une voye bien plus courte. C'est au lieu d'envoyer le Courier à Rome, de le renvoyer en Pologne asseurer le Roy Michel que le Pape ayant promis au Duc de Chaulnes de faire Cardinal l'Ambassadeur de France en Pologne s'il avoit la nomination du nouveau Roy, il peut en seureté donner la sienne à Monsieur de Bonzy, le Roy se faiſant fort de lui faire avoit ſon effet. M. de Turenne & M. de Lionne approuvoient extrêmement la penſée de M. le Duc d'Albret: Mais comment faire? dit M. de Lionne. Le Roy Michel n'a pas encore donné part au Roy de ſon Election, le Roi ne peut pas le prévenir & lui écrire le premier : Hé bien, reprit M. le Duc d'Albret, le Roi n'a qu'à écrire tout ce que je viens de dire à M. de Bonzy, & lui ordonner de remettre ſa Letre en original entre les mains du Roy Michel pour ſûreté de la parole de Sa Majeſté. M. de Lionne ayant approuvé encore ce nouvel expedient, & donné mille loüanges au Duc d'Albret de la fertilité de ſon imagination, conſeilla à M. de Turenne de l'aller propoſer au Roy, luy permettant de dire à Sa Majeſté que M. de Lionne l'approuvoit en tout, perſuadé que c'étoit le meilleur moyen d'aſſurer le Chapeau de Monſieur de Bonzi, ſans reculer la Promotion du Duc d'Albret. M. de Turenne propoſa la choſe au Roy, qui étoit preſſé d'aller à la chaſſe, & qui lui dit : Votre Neveu a raiſon, & j'approuve l'expedient, puiſque Lionne en eſt d'avis, lui qui appuyoit le plus l'envoi du Courier à

Rome : Dites-lui qu'il n'a qu'à le dépêcher en Pologne ; cela fut fait le même jour, & tout réussit. Le Roy Michel, content de la parole du Roy, donna sa nomination à Bonzi ; & trois semaines après, au mois d'Août 1669. le Pape déclara le Duc d'Albret Cardinal, le lendemain de la mort de Don Thomasso Rospigliosi son Neveu, qu'il feignit d'ignorer, afin de pouvoir tenir le Consistoire, & de faire la Promotion. Le Pape n'avertit que quatre personnes de la résolution qu'il avoit prise de faire le Duc d'Albret Cardinal ; sçavoir le Cardinal Giacomo Rospigliosi, son Neveu, le Cardinal Ottoboni Dattaire ; qui fut depuis Alexandre VIII. le Cardinal Azzolini, Secretaire d'Etat, & le Cardinal Chigi, Neveu de son Benfacteur le Pape Alexandre VIII. Il avoit tant de reconnoissance des plaisirs que l'on lui avoit faits, qu'il avoit résolu de faire l'Abbé de Lionne Cardinal, aussitôt qu'il auroit pris le Bonnet de Docteur. Il croyoit devoir la Papauté à M. de Lionne, qui lui avoit ménagé secretement l'amitié de la France, quoiqu'il eût été Nonce en Espagne. Le Cardinal de Retz nous a appris que dans le Conclave où Clement IX. fût élû ; la France souhaitoit en premier lieu le Cardinal Farneze ; en second lieu, le Cardinal Rospigliosi ; au lieu que l'Espagne souhaitoit Rospigliosi avant tout autre, ce qui fit réüssir son affaire, la Faction de France ayant aisément donné les mains à son Election. Il est bon de remarquer que dans le Consistoire, où le Pape déclara le Duc d'Albret Cardinal de Bouillon, il déclara en même temps qu'il se réservoit un autre Chapeau *in Petto* pour celui que la Reine Regente d'Espagne, Mere du Roy Charles II. lui nommeroit. Or elle en nomma deux ; sçavoir, Porto-carero, Doyen de Tolede, par une nomination publique, souscrite par la Jonte au Conseil d'Espagne ; & le Pere Nitard Jesuite son Confesseur, par une Lettre particuliere fort pressante. Le Pape fut assez embarassé ; & lorsqu'il se vit prêt à mourir, il se détermina par le conseil de ses Ministres en faveur de Porto-carero, qui étoit appuyé de tous les Ministres d'Espagne. C'est ce qui l'obligea de dire à l'Abbé Bigorre, qui le remercioit pour le Cardinal de Boüillon : je lui ai donné deux Chapeaux, puisque, pour pouvoir lui en donner un, il m'a fallu en donner un autre à un Inconnu à la nomination de la Reine d'Espagne. Ce fut en 1691. que le Roy donna au Cardinal de Boüillon la Charge de Grand Aumônier de France vacante par la mort du Cardinal Antoine Barberin. Le Public s'imagina que c'étoit à la consideration de Monsieur de Turenne, & il se trompa lourdement, comme la suite de cette affaire le fera voir dans ses plus petites circonstances que je n'ai pas ignoré. On croit communément, & c'est le sentiment de l'Apologiste du Cardinal de Boüillon, qu'il doit toute sa fortune à Monsieur de Turenne; mais on a déja vû par le récit que j'ay fait de la maniere dont il a été fait Cardinal, la bonne part qu'il y a eu luy-même par son habileté & sa vigilance. Il se doit encore davantage la Charge de Grand Aumônier, puisque Monsieur de Turenne bien loin de le servir luy fut un obstacle pour l'obtenir. Je dirai à propos de cette Apologie tant vantée du Cardinal de Boüillon, que si en la lisant j'ay admiré comme les autres la maniere d'écrire de l'Auteur, j'y ai remarqué beaucoup de faits ou faux ou alterez, où j'ay reconnu d'abord qu'elle n'avoit point été faite par ſon ordre, puiſque jamais il n'y eût laiſſé mettre qu'il doit toute ſon élevation à M. de Turenne; que ſa vie eſt une ſuite continuelle de bienfaits que le Roy a daigné répandre ſur ſa perſonne, & y eût peut-être fait couler un bon mot des Evêchez de Liege & de Straſbourg que Sa Majeſté a jugé à propos de luy ôter, ce qui pourroit faire compenſer les injures avec les bienfaits; mais c'eſt ce que nous examinerons dans ſon lieu.

La ſanté du Cardinal Antoine étoit depuis quelque tems fort alterée; cela faiſoit penſer à ſa dépoüille. Monſieur le Tellier avoit déja eu pour ſon fils la Coadjutorerie de l'Archevêché de Rheims. Il luy avoit auſſi fait offrir 600000. livres pour avoir ſa démiſſion de la Charge de Grand Aumônier. Mais l'Evêque d'Orleans depuis Cardinal de Coaſlin Premier Aumônier du Roy depuis trente ans, avoit tiré parole de Sa Majeſté que perſonne n'auroit à ſon préjudice l'agrément de traiter de cette Charge avec le Carninal Antoine, ſoit par démiſſion, ſoit par Coadjutorerie. Les choſes étoient dans cet état-là lorsque le Cardinal de Boüillon partit de Paris au mois de Decembre 1669. pour aller à Rome avec le Duc de Chaulnes Ambassadeur de France assister au Conclave qui se tenoit pour élire un Pape après la mort de Clement IX. Il aprit en chemin que le Cardinal Antoine étoit fort malade, & prit dès lors sa résolution de faire tous ses efforts au cas qu'il le trouvât encore en vie pour obtenir de luy la démission de sa Charge de Grand Aumônier. Il en vint à bout ; la santé du Cardinal Antoine se rafermit un peu, & son amitié pour le Cardinal de Boüillon fut si grande, qu'il luy donna parole de luy envoyer sa démission dès que le Roy l'auroit agréé ; mais pendant que le Cardinal de Bouillon negocioit cette affaire à Rome, l'Evêque d'Orleans fit dire à M. de Turenne par Perthuis Capitaine de ses Gardes, & l'ami particulier de l'Evêque, que s'il songeoit à faire tomber à M. le Cardinal de Boüillon la Charge de Grand Aumônier, il n'y songeoit plus, ne voulant pas se trouver en son chemin. M. de Turenne, qui ne sçavoit rien des vûës de son Neveu, & qui dans le vray n'avoit eu aucune idée pour cette Charge, répondit à Perthuis qu'il n'y pensoit point, & qu'il souhaitoit de tout son cœur que M. d'Orleans pût l'obtenir. Il l'en assura luy-même dès le lendemain, & tous les Coaslins ravis de n'avoir point un competiteur si dangereux l'en remercierent, & s'en vanterent hautement. Le Cardinal fut aussi-tôt averti à Rome d'un engagement pris si legerement, & capable de renverser son projet. Il n'en écrivit rien à M. de Turenne, & luy manda seulement qu'il ne pouvoit suivre son conseil qui étoit de demeurer si long-tems à Rome; qu'il avoit déja pris congé du Pape & du Sacré College, que son équipage étoit parti pour s'en retourner en France, & qu'il alloit à Munick voir Madame la Duchesse de Baviere; qu'il y attendroit des nouvelles de Monsieur de Turenne, & que s'il le vouloit absolument, il retourneroit à Rome, quelque dépense qu'il fût obligé de faire à cause de son âge & de sa naissance. Monsieur de Turenne luy manda à Munick qu'il n'avoit qu'à revenir en France, ce qu'il fit aussi-tôt. Il luy rendit compte en arrivant de ce qu'il avoit négocié avec le Cardinal Antoine, sans

ſans faire ſemblant de ſçavoir les engagemens que M. de Turenne avoit pris avec l'Evêque d'Orleans. Alors ce grand homme vit bien qu'il s'étoit engagé un peu vîte, & dit à ſon Neveu qu'il pouvoit aller ſon chemin ; mais que pour luy, après la ſotiſe qu'il avoit faite, (ce ſont les termes dont il ſe ſervit en luy avoüant tout) il ne pouvoit en honneur ſolliciter pour luy ; mais qu'il lui conſeilloit de compter au Roy comme la choſe s'étoit paſſée, & de dire à S. M. que c'étoit la raiſon qui l'empêchoit de luy en parler. Dès que le Cardinal de Boüillon fut arrivé, il demanda au Roy une audience particuliére dans ſon Cabinet, & luy déclara que M. le Cardinal Antoine luy avoit promis de luy envoyer la démiſſion de ſa Charge ſi Sa Majeſté l'avoit agréable, la ſuppliant ſeulement de luy accorder une place de Prélat, Commandeur de l'Ordre du Saint Eſprit, parce qu'il ne luy convenoit pas de porter le Saint Eſprit par Brevet, comme ayant eu la Charge de Grand Aumônier ; le Roy luy parut écouter la propoſition avec plaiſir ; mais ſans donner de parole poſitive, il luy dit qu'il ſeroit bien aiſe que cela ſe pût faire dans la suite, & qu'il luy donneroit la Charge dans le moment, s'il n'avoit pas promis à l'Evêque d'Orleans son premier Aumônier de ne point agréer que personne, à son préjudice, traitât avec Monsieur le Cardinal Antoine soit par survivance, soit par démission, & qu'il pouvoit le mander au Cardinal Antoine. Il le fit aussi-tôt, & le Cardinal Antoine luy répondit qu'il ne changeoit point de sentiment à son égard, & seroit toûjours prêt à luy envoyer sa démission lorsque le Roy l'auroit agréable.

Les choses en étoient là, lorsqu'un incident pensa tout renverser. M. de Perefixe Archevêque de Paris mourut au commencement de l'année 1671. Il étoit Proviseur de la Maison de Sorbonne. Aussi-tôt tous les Docteurs se dirent publiquement les uns aux autres qu'il falloit élire deux jours après le Cardinal de Boüillon qui étoit de leur Maison & Societé, & dont la naissance & le mérite personnel leur feroit honneur. Il en fut bien-tôt averti, & l'écrivit au Pere Ferrier Confesseur du Roy, le priant de dire à Sa Majesté qu'il auroit été luy-même au Louvre luy en faire part s'il n'avoit pas eu peur qu'on ne crût qu'il alloit demander l'Archevêché de Paris, & que ce qui l'arrêtoit encore davantage, c'étoit qu'il venoit d'aprendre que M. de Perefixe à ſon inſçû avoit en mourant ordonné à l'Abbé de Motte ſon meilleur ami de dire à Sa Majeſté qu'il ne connoiſſoit perſonne en France par raport au ſervice de l'Egliſe & du Roy, plus propre que le Cardinal de Boüillon à remplir dignement le poſte d'Archevêque de Paris.

Le Pere Ferrier plus ami de M. de Chanvallon que du Cardinal de Boüillon, ne ſe preſſa pas de parler de luy au Roy, Sa Majeſté luy ayant dit d'abord, à ce que dit le Reverend Pere, qu'elle donnoit l'Archevêché de Paris à M. de Chanvallon, & que pour le bien de ſon ſervice elle ſouhaitoit qu'il fût auſſi Proviſeur de Sorbonne; & le Pere Ferrier en ayant donné avis au Cardinal, ce jeune homme vif & piqué qu'on luy enlevât ainſi la Proviſorerie de Sorbonne malgré tous les Docteurs, s'en alla au Louvre fort échauffé, & repreſenta au Roy dans ſon Cabinet avec une vivacité ſurprenante, & même avec des larmes aux yeux qui luy échaperent, que c'étoit le deshonorer que de le croire moins attaché au ſervice de Sa Majeſté que Monſieur de Chanvallon, & qu'enfin c'étoit le traiter comme le Cardinal de Retz qui n'avoit pas été Proviſeur de Sorbonne, parce qu'il avoit fait la guerre au Roy, & qu'il étoit alors dans les Païs Etrangers. Le Roy luy répondit aſſez froidement, je verrai; & je vous ferai ſçavoir demain ma volonté. Le Cardinal de Boüillon qui ſongeoit en même tems à plus d'une choſe, s'imaginant que la vacance de l'Archevêché de Roüen pourroit dégager le Roy des engagemens qu'il avoit pris avec Monſieur l'Evêque d'Orleans pour la Grande Aumönerie, propoſa à Sa Majeſté de luy donner l'Archevêché de Roüen, à quoy Sa Majeſté ſans doute piquée de la hardieſſe, pour ne pas dire de l'indiſcretion du jeune Cardinal, ne répondit rien. Elle eut pourtant la bonté d'ordonner à M. Roze Secretaire du Cabinet d'aller trouver M. l'Archevêque de Paris pour lui dire de ne parler à perſonne de la Proviſorerie de Sorbonne, mais Roze intime ami de l'Archevêque rapporta ſur le champ qu'il en avoit déja reçù les complimens de tous les Docteurs, & qu'ainſi l'affaire étoit conſommée, ſoit que cela fût vray, ſoit que cela eût aidé à la précipiter. J'oubliois de dire que le Roy en parlant de la Proviſorerie de Sorbonne, ayant dit au Cardinal que les Docteurs ſuivant les apparences luy préferoient un Archevêque de Paris dont ils avoient beſoin tous les jours, il répondit fiérement que ſi le Roy vouloit bien ne point s'en mêler, il étoit aſſuré d'avoir dix voix contre une.

Le lendemain le Cardinal s'étant trouvé au Prié-Dieu du Roy avec l'Archevêque de Paris, cet Archevêque croyant adoucir les choſes, lui dit tout bas qu'il ſouhaitoit paſſionnément que le Roy donnât l'Archevêché de Roüen à une perſonne, qui par ſa naiſſance & par ſon merite pût réparer les fautes qu'il y avoit faites; mais le Cardinal piqué de ce qui s'étoit paſſé, luy répondit : je crois, Monſieur, qu'il y a des gens qui ſeroient bien aiſes d'être Archevêque de Roüen; mais pour moi je n'en fais pas l'objet de mes deſirs.

Le même jour, le Pere Ferrier vint dire au Cardinal de Boüillon que le Roy pour le bien de ſon ſervice persistoit à vouloir que la Provisorerie de Sorbonne fût unie à l'Archevêché de Paris, que cela ne le regardoit point personnellement; qu'il n'y avoit en cela aucune préference d'estime & de confiance, & que pour luy en donner une preuve, S. M. le nommeroit, s'il vouloit, à l'Archevêché de Roüen. Le Cardinal répondit au Pere Ferrier, qu'il étoit prêt d'obéïr au Roy en toutes choses : mais que dans la conjoncture présente il acceptoit l'Archevêché de Roüen comme si c'étoit l'Evêché de Grasse ., réponse qui ne plut point au Pere Ferrier, qui alla trouver M. de Turenne pour le prier de moderer, s'il pouvoit, la vivacité du Cardinal. Il fit cependant réflexion de luy-même sur ce qu'il venoit de faire & s'en alla au Louvre, où il dit au Roy qu'il avoit crû jusques-là, qu'il y alloit de son honneur d'être Proviseur de Sorbonne : mais qu'il en venoit faire le sacrifice à Sa Majesté, & que même si elle le vouloit, elle iroit en Sorbonne parmi les Docteurs donner sa voix à M. l'Archevêque de Paris. Le Roy lui répondit qu'il ne luy demandoit pas tant & qu'il le remercioit de cet office. Le Cardinal au sortir de son Audience alla rendre compte à M. de Turenne de tout ce qui s'étoit passé. M. de Turenne le gronda fort, & craignit avec grande raison qu'une si grande hauteur ne luy fît tort dans l'esprit du Roy & ne nuisît à la Grande Aumônerie sur laquelle il n'avoit que de bonnes paroles. Il luy dit même que l'Abbé le Camus, depuis peu mort Cardinal, étoit sorti de sa retraite auprès des Chartreux, où il n'étoit pas toûjours en oraison, pour le venir avertir que le Roi n'étoit pas content du Cardinal, & qu'il le sçavoit de bonne part. Le Cardinal, sur cet avis, s'en alla le lendemain au lever du Roy & luy dit tout bas lorsqu'il se mit à genoux pour prier Dieu, qu'il étoit pénétré de douleur dans la crainte où il étoit de luy avoir déplû, & qu'il demandoit un moment d'audience dans son Cabinet. Le Roi luy répondit avec un visage assez sérieux, M. cela n'est pas necessaire; & sur ce que le Cardinal insista, le Roy luy promit avec un visage riant de le faire appeller, ce qu'il fit un moment après. Dès qu'ils furent seuls, le Cardinal dit au Roi qu'il venoit luy demander pardon de lui avoir parlé d'une maniére qu'on disoit luy avoir déplû. Il eſt vray, reprit le Roy, que je n'ay pas été content de votre vivacité ſur la Proviſorerie de Sorbonne, que j'ay regardée comme bonne à mon ſervice : SIRE, reprit le Cardinal, j'ay encore eu grand tort en oſant propoſer à Votre Majeſté de donner l'Archevêché de Rouen à M. l'Evêque d'Orleans comme ſi elle ne ſçavoit pas bien les moyens de contenter tout le monde. Le Roy lui répondit qu'en cela il n'avoit fait aucune faute, puiſqu'il étoit réſolu de lui donner la Charge de Grand Aumônier, au plû-tard à la mort du Cardinal Antoine. Le Cardinal penſa ſe jetter à ſes genoux; mais comme Monſieur alloit entrer dans le Cabinet, il lui dit ſeulement, SIRE, Votre Majeſté en vingt-quatre heures m'a vû en deux états bien differents de douleur & de joye, tous deux cauſez par mon attachement à ſa perſonne & par l'envie de luy plaire.

Au ſortir de chez le Roy, le Cardinal alla dire ce qui venoit de ſe paſſer à M. de Turenne qui le lendemain dit au Roi, SIRE, je vis hier au ſoir un homme bien pénétré de la bonté qu'a eu Votre Majeſté de luy pardonner toutes ſes fautes & d'y ajoûter encore des graces:

graces : il avoit eu tort, lui dit le Roi ; mais il a bien reparé tout cela, & nous sommes fort contens l'un de l'autre ; depuis ce tems-là le Cardinal se tint assûré de la Charge de Grand Aumônier, d'autant plus que le Cardinal Antoine, qui languissoit toûjours, lui fit écrire que M. l'Evêque d'Orleans lui offroit 420000. liv. de sa Coadjutorerie ; mais que pour l'amour de lui, il ne vouloit écouter aucune proposition. Le Cardinal porta sa Lettre au Roi, & lui avoüa qu'il craignoit toûjours que le Cardinal Antoine prêt à mourir, entouré de parens & de Valets ardens à l'argent, ne se laissât enfin aller aux sollicitations de M. d'Orleans, qui pouvoit bien un beau matin apporter à Sa Majesté la démission de sa Charge en sa faveur, & qu'alors elle seroit bien empêchée. Le Roi lui dit qu'il avoit raison ; & sur le champ, ordonna à Chamarente l'un de ses premiers Valets de Chambre, de dire à M. d'Orleans, qu'inutilement il traiteroit avec le Cardinal Antoine, puisque la Charge de Grand Aumônier ne seroit exercée à l'avenir que par un Cardinal. Ce pas fait, le Cardinal de Boüillon vit son affaire faite, & attendit en patience, que Dieu disposât de M. le Cardinal Antoine. Il mourut au mois d'Août de la même année. Le Roi en reçût la nouvelle à Fontainebleau ; & si-tôt que M. de Turenne l'eut apprise, il envoya un Courier au Cardinal, qui étoit à Saint Martin, lui conseillant de venir sur le champ à Fontainebleau, à moins qu'il n'eut changé d'avis, en pensant que peut-être ce grand empressement déplairoit au Roi, après la parole positive que Sa Majesté lui avoit donnée de le faire Grand Aumônier à la mort du Cardinal Antoine. En effet, M. de Turenne après avoir reflechi trouva qu'il avoit raison, & lui manda de retourner à Saint Martin, au lieu de venir à Fontainebleau. Le Roi lui avoit dit à l'oreille, le Cardinal Antoine est mort, & je me souviens bien de ce que j'ai promis à vôtre Neveu. Là-dessus M. de Turenne dit au Roi, qu'il avoit mandé au Cardinal de venir incessamment à Fontainebleau, & qu'il n'avoit pas jugé à propos de le faire : il a bien fait, dit le Roi, sa presence n'avanceroit pas ses affaires, & en cette occasion, il a mieux pensé que vous.

Cependant le Cardinal croyant avoir besoin de tout, envoya faire ses complimens à M. l'Archevêque de Paris, avec qui il étoit en quelque froideur, depuis ce qui s'étoit passé au College de Navarre à un Acte de l'Abbé Amelot, & ses complimens furent si bien reçûs, qu'à peine fut-il arrivé de Saint Martin au Cloître de Nôtre-Dame, où il demeuroit encore, que l'Archevêque le vint voir, lui apprit la mort du Cardinal Antoine, & lui souhaita la Charge de Grand Aumônier. Le Cardinal lui avoüa confidemment que cette nouvelle l'embarrassoit,& qu'il ne sçavoit s'il devoit aller à Fontainebleau. Le lendemain ayant reçû la réponse de M.de Turenne, il alla voir l Archevêque & lui dit qu'après y avoir bien pensé, il n'iroit point à Fontainebleau, & s'en retourneroit à Saint Martin, ce qu'il fit. Le Roi avoit dit à M. de Turenne, mandez au Cardinal de Boüillon de venir à Versailles le jour que j'y arriverai, & je lui donnerai la Charge tant souhaitée. En effet, elle étoit demandée par le Cardinal Rospigliosi, par l'Evêque de Laon, qui attendoit à tout moment le Chapeau, en vertu de la nomination de Portugal, par l'Evêque d'Orleans, par l'Archevêque de Reims, & par l'Archevêque de Tours, depuis Cardinal de Bonzy. Le Cardinal de Boüillon ne manqua pas au lever du Roi; mais Sa Majesté ne lui parla que de la nouvelle qui venoit d'arriver, que l'Evêque de Laon étoit Cardinal, sans faire aucune mention de la Grande Aumônerie. Quelque mois se passerent sans qu'on en parlât. Enfin, un matin que le hazard avoit fait que le Cardinal au défaut des Aumôniers avoit fait la priere du Roi, Sa Majesté lui dit de le suivre dans son Cabinet, où elle lui dit qu'elle lui donnoit la Charge de Grand Aumônier, & qu'elle ne l'avoit pas fait plûtôt, afin de regler certaine choses sur cette Charge, comme d'en distraire les Maladreries, &c... mais lui dit le Roi en riant, je vous laisse les Quinze Vingts. Le Cardinal en sortant du Cabinet du Roi, affecta un visage serieux, pour tromper M. le Tellier, qui l'examinoit, & pour avoir le plaisir d'en porter la premiere nouvelle à M. de Turenne.

Ce fut alors que M. l'Evêque d'Orleans & tous les Coaslins se déchaînerent contre M. de Turenne, qu'ils accuserent d'avoir manqué à sa parole, ce qui n'étoit pas vrai, sa bonne foi & sa droiture l'ayant empêché de faire là-dessus aucune sollicitation auprès du Roi, & s'étant contenté de sçavoir toute la suite de cette affaire.

J'ai déja dit que le Roi à la sollicitation du Pape & à la priere de M. de Turenne avoit envoyé au secours de la Ville de Candie, six mille hommes de ses meilleures troupes,& ſous la conduite du Duc de Navailles. Plus de la moitié y étoit demeuré, & le Duc de Beaufort y avoit été tué. Le Pape ne ſe rebutoit point, & ſollicitoit un nouveau ſecours ; & pour l'obtenir plus facilement, il réſolut enfin de conſoler le Roi, & de témoigner à M. de Turenne la joïe qu'il avoit de ſa converſion, en faiſant le Duc d'Albert Cardinal, ce qu'il fit au mois d'Août 1669. au grand déplaiſir de M. le Tellier, & encore plus de M. de Louvois. Ce Miniſtre ſi habile dans les détails où ſa prévoyance n'oublioit rien, avoit toûjours été mal avec M. de Turenne, qui ne lui faiſoit aucune part de ſes entrepriſes ; il prenoit des Villes & gagnoit des Batailles, & ne l'apprenoit que par la Gazette. Le Roi étoit preſque dans le même cas, & dit un jour à un Officier qui s'en retournoit à l'armée d'Allemagne ces celebres paroles ſi dignes d'un bon Roi. Dites à M. de Turenne, que je voudrois bien ſçavoir quelquefois ce qu'il veut faire.

Le Cardinal de Boüillon ne ſongea gueres dans la ſuite à regagner les bonnes graces de M. de Louvois, il ſoutint vivement les interêts du Comte de Marſan, jeune Prince de la Maiſon de Lorraine, qui galantiſoit la vieille Ducheſſe d'Aumont, que l'on croyoit riche à millions ; & qu'il ne trouva pas digne de son attachement. Après la mort de M. de Turenne, il obtint pour le Comte d'Auvergne son frere, la Charge de Colonel general de la Cavalerie, que ce Ministre pour lui faire dépit, vouloit faire supprimer comme celle d'Infanterie l'avoit été après la mort de M. d'Epernon; mais M. de Louvois se vengea bien. L'Evêché de Liege étoit vacant, & disputé entre le Cardinal de Boüillon & le Prince Guillaume de Fustemberg & le Prince de Neufbourg ; le Cardinal avoit sept voix, & le Prince de Neufbourg neuf, & le Prince Guillaumu quatorze : mais le Prince Guillaume étoit prêt à ceder ses voix au Cardinal, lorsque. . . . Envoyé extraordinaire du Roy à Liege, déclara aux Chanoines par l'ordre de M. de Louvois, que le Roi ne consentiroit jamais à l'élection du Cardinal, & qu'il aimeroit mieux que ce fût un Etranger : A ces nouvelles le Pape s'attribua, comme il ne manque jamais de faire en pareilles occasions, toute l'autorité de l'Election, & ne voulant point le Prince Guillaume, qui étoit désagréable à l'Empereur, il donna un Bref d'Eligibilité au Prince de Neufbourg, qui fut reçû unanimement.

M. le Cardinal de Boüillon après avoir pris congé du Roi, pour aller au Conclave, où fut élû Odescalchi, dit Innocent XI. il me demanda en badinant si je voulois venir à Rome être son Conclaviste, je lui dis que cela me feroit grand plaisir ; je m'en vais partir dans deux heures, me dit-il, mais vous me ratraperez bien, allez-en demander la permission au Roi, & les instructions du Ministre, & vous mettez dans la diligence de Lyon, j'y serai encore dans six jours. Cela fut fait fort brusquement, & en arrivant à deux lieuës de Lyon, je trouvai un carosse de M. de Villeroi Archevêque de Lyon, qui m'attendoit ; & j'arrivai, que le Cardinal étoit encore à table ; je lui rendis compte après dîner, de ce que j'avois fait à Saint Germain ; il me demanda si je sçavois l'Italien, je lui dis que non ; & comment ferez-vous, me dit-il, la plûpart des Cardinaux n'entendent point le François : Ho ! Monseigneur, lui répondis-je, cela ne m'embarrassera pas, nous ne serons à Rome que dans quinze jours, & je m'en vais tâcher de parler Italien bien ou mal, je le sçaurai quand nous arriverons à Rome. Il se mit à rire, & dit ; vous ferez comme vous pourrez, je fis fort bien; mais quand nous fûmes entrez au Conclave, je me trouvai fort déconcerté. J'avois compté sçavoir toutes les négotiations les plus secrettes, & le Cardinal de Boüillon ne me disoit rien. Le Cardinal de Retz étoit son ancien, heureusement le Cardinal de Retz eut la goute, & je lui allois tenir compagnie dans sa chambre ; il me demanda comment je m'accommodois du Conclave ; fort mal, Monseigneur, lui répondis-je, je ne sçai rien, les valets du Conclave en sçavent plus que moi ; ce bon Cardinal avoit envie de me faire plaisir. Outre l'ancienne amitié des Caumartins mes Parens, mon frere étoit Intendant de Lorraine & de Commercy, & lui rendoit tous les services qu'il pouvoit; je veux, me dit-il, vous prendre pour mon Conclaviste, le Cardinal de Boüillon en sera bien aise, & par ce moyen vous sçaurez tout, & serez le Conclaviste general des Cardinaux François. Le lendemain je fus instalé dans ce Conseil, je fis toutes leurs dépêches, ils étoient quatre ; Retz, Boüillon, d'Estrées & Bonzy ; le Cardinal Maldachini étoit reçû parmi eux, quand il y vouloit venir ; mais alors ils changeoient de discours, sans jamais lui dire le secret. Les Cardinaux de Retz & de Boüillon, avoient toûjours quasi les mêmes avis, les

deux

deux autres étoient d'avis contraires ; d'Eſtrées vouloit être Chef du party, & Bonzi ne penſoit qu'à la fin du Conclave pour s'en retourner à Montpellier. La faction d'Eſpagne & celle de l'Empereur étoient les plus fortes ; elles vouloient Odeſcalchi. Les Cardinaux François ſe ſéparerent, & réſolurent d'écrire au Roi leurs ſentimens. Je fis leur dépêche l'un après l'autre. Retz & Boüillon lui propoſoient Grimaldy qui avoit quatre-vingt ans, & qui auroit pour lui la faction des Chigi, & tous les vieillards, dans l'eſperance de revenir à la paſſe. D'autre côté les Cardinaux d'Eſtrées & Bonzi lui diſoient des biens infinis d'Odeſcalchi ; qu'il avoit cinquante mille écus de rente ; qu'il ſoulageroit la Chambre Apoſtolique ; qu'il étoit homme de bien. Le Roy en cette occaſion fit voir ſa pieté, & manda que préferablement à tout, il ſouhaitoit le bien de l'Egliſe, & qu'ils concouruſſent à l'Election d'Odeſcalchi. Il fut élû le même jour & proclamé le lendemain. M. le Cardinal de Boüillon m'envoya à neuf heures du ſoir, heure induë, demander à Odeſcalchi une audience ſecrette ; il y alla, & fut une demie heure avec lui ſans lui faire aucune propoſition. Il n'étoit pas homme à en recevoir. Quand le Cardinal fut sorti je me jettai aux pieds d'Odescalchi en disant : ho Basiato il primo gli piedi di vostra santita , il me répondit , non e Encora ; mais il me parut qu'il n'étoit pas indifferent à cette nouvelle. Il a toûjours depuis ce tems - là suivi sa pointe , sans oublier que la France lui avoit fait perdre six années de son Pontificat. On lui donna l'exclusion à la derniere vacance. Il faut aussi un peu avoüer que l'Assemblée de M. DC. LXXXII. l'avoit poussé à bout. On a bien voulu dire quil avoit envoyé de l'argent au Prince d'Orange ; mais je n'en crois rien ; la passion ne mene pas si loin les plus gens de bien. Le Cardinal de Bouillon demeura encore six semaines à Rome apres le Conclave, faisant une dépense effroyable. Il avoit vingt-quatre Pages & soixante Valets de pied le soir au tour de sa chaise avec des flambeaux de cire blanche, & vingt - huit carosses de ses livrées dont il en envoyoit deux à chaque François de Condition qui arrivoit à Rome. Il dépensa cent mille écus en trois mois de tems. Le Cardinal de Retz fit bien une autre dépense quand il se sauva du Château de Nantes. Il craignoit d'être enlevé par le Cardinal

Mazarin. Il prit pour Valets de pied trois cens soldats bien armez sous la mandille.

Je me garderai bien de vouloir défendre M. le Cardinal de Boüillon sur sa derniere escapade. Il n'y a eu ni rime, ni raison. Il écrit au Roi comme à son égal; & dans le tems qu'il étoit prêt de rentrer en grace, il va se jetter parmi les ennemis qui le reçûrent en triomphe. Le Prince Eugene lui fit des honneurs extraordinaires, mais cela ne dura gueres ; car s'étant apperçû qu'il ne lui étoit bon à rien, il le laissa en Flandres sans lui marquer aucune consideration. Il s'en appercût bientôt, & alla à Rome. Il s'y étoit fort signalé dans son dernier voyage. Cinq ou six vieux Cardinaux l'avoient laissé passer devant eux ; il étoit devenu Doyen, avoit ouvert la Porte Sainte pendant la vacance du saint Siege, & eut grande part à l'Election de Clement XI. Le Pape ne lui en témoigna pas grande reconnoissance, & fit peu de pas pour le raccommoder avec le Roi, qui lui permit seulement de revenir en France en exil, & de joüir de ses Benefices.

Cet exil dura dix ans assez doucement. Le Cardinal alloit & venoit à la Claire près de Lyon, à une maison pres d'Orleans, & à une près de Roüen. J'allois de tems en tems paſſer deux mois avec lui. Il paſſoit ordinairement par Paris; & enfin quand il eut pris ſa derniere & funeſte réſolution, il me manda de le venir trouver à Ormeſſon, me fit beaucoup d'amitiez, ne voulut voir que moi de tous ſes amis de Paris, & me dit que le Roi lui avoit permis d'aller viſiter ſes Abbayes de Flandres. Je lui offris de le ſuivre à ce petit voyage : il me dit qu'il vouloit aller ſeul, & que dans ſix ſemaines, je le vinſſe trouver à Roüen. Il ſçavoit bien qu'il n'y ſeroit pas, & jugeant bien que je n'approuverois pas un deſſein ſi mal concerté, il ne voulut pas m'y embarquer malgré moi. J'ai déja dit qu'il n'eut pas grande ſatisfaction en Flandres. Le Pape le reçut à Rome aſſez froidement, & lui accorda ſeulement ſûreté de ſa perſonne. Il n'avoit rien à craindre du Roi, qui ne ſongeoit pas à le faire arrêter. Il en eut été embaraſſé, & ne reſſembloit pas à Loüis X.I. qui tint le Cardinal de Baluë treize ans en priſon.

FIN.

www.ingramcontent.com/pod-product-compliance
Lightning Source LLC
LaVergne TN
LVHW020554230826
846091LV00002B/482

* 9 7 8 2 3 2 9 3 3 5 0 2 5 *